NONOGRAM PUZZLE GAME

A Picross, Logigrapher, Hanjie, Griddler, Nonogram or even Logimage is solitary puzzle game, which consists in discovering a drawing on a grid by blackening boxes, according to logical clues left on the edge of the grid.

Principle of the game

The goal is to find the black boxes in each grid. The numbers given on the side and at the top of the grid give you clues. They indicate the size of the blocks of black boxes of the row or the column on which they are.
For example 3.4 to the left of a line indicates that there is, from left to right, a block of 3 black boxes then a block of 4 black boxes on this line. On the other hand, what is not mentioned and which makes the difficulty, is the number of white boxes between the black boxes. We just know that there is at least one. Generally, a resolute grid reveals a drawing.

Resolution techniques:

In order to solve the puzzle, it is necessary to determine which cells will be blackened and which will remain white. Finding empty cells is as important as finding black cells. Later, the empty cells will help decide where a block of black cells will be. We usually mark an empty cell with a dot or a cross. The simplest puzzles can be solved by reasoning on one row or column at a time. The more difficult ones may require more complex reasoning comprising several rows and columns. We will try to make assumptions such as: "What happens if this box is empty?" If a contradiction appears, it is therefore not an empty box but a full one. Progress can then take a long time.

Puzzle 01

Column clues (left to right, top to bottom):

Column	Clue
1	0
2	0
3	0
4	0
5	0
6	0
7	3 5
8	2 5 1
9	10 4 9
10	9 23
11	9 29
12	24 3 7 3
13	16 7 3 2 2 3
14	14 4 2 2 1 3
15	15 2 2 2
16	15 1 1 2
17	14 3 1 1 3
18	13 4 2 4
19	12 6 2 5
20	10 1 6 3
21	9 1 7 2
22	10 7 2
23	9 5 1
24	1 7 4
25	1 8 4
26	9 2
27	9
28	9
29	10
30	9
31	9 1
32	10 1 3
33	12 1 2 6
34	26 1
35	8 12 2
36	19 1
37	17 1 6
38	17 3 6
39	1 15 5
40	13 1 6
41	14 1 6
42	19
43	6
44	0
45	0
46	0
47	0
48	0
49	0
50	0

Row clues (top to bottom):

Row	Clue
1	4
2	8
3	14 1
4	15 6
5	25
6	27
7	29
8	1 28
9	1 30
10	32
11	31
12	12 1 15
13	3 7 2 10
14	2 6 12
15	1 5 2 7
16	1 3 1 11
17	1 3 9
18	1 3 10
19	4 6 10
20	6 8 11
21	6 10 10
22	6 9 10
23	6 7 11
24	4 5 1 10
25	4 2 9
26	3 3 1 2
27	2 2 1 1
28	3 2 2
29	3 2 2 1
30	7 3 1 1
31	9 1 3 1 2
32	5 1 2 3
33	3 1 2
34	7 3
35	8 4
36	4 2 3 4
37	3 1 1 4
38	5 3
39	4 2
40	3 2
41	1 1
42	1 1
43	3
44	4
45	5
46	10
47	6
48	4
49	2
50	1

Puzzle 02

Column clues (left to right, each read top to bottom):

1. 8
2. 1 3 9
3. 10 10
4. 13 10
5. 18 11
6. 19 12
7. 19 13
8. 10 8 14
9. 2 6 11 15
10. 6 11 5 8
11. 6 19 4
12. 7 22
13. 3 2 3 19
14. 4 1 18
15. 3 1 19
16. 4 1 19
17. 3 5 12
18. 3 4 5 6
19. 4 4 12
20. 4 2 1 6 5 6
21. 4 1 11 3 6
22. 5 10 3 7
23. 2 7 1 3 6
24. 7 2 4 6
25. 1 7 1 4 6
26. 1 7 2 4 6
27. 4 8 1 3 5
28. 4 1 9 1 3 6
29. 3 1 11 3 6
30. 4 2 3 4 7
31. 4 5 12
32. 3 4 13
33. 3 6 13
34. 5 1 20
35. 4 1 19
36. 4 1 2 1 18
37. 2 2 25
38. 7 25
39. 6 24
40. 7 23 2 1
41. 11 12 7 6
42. 11 12 15
43. 22 13
44. 19 12
45. 16 2 11
46. 19 10
47. 12 4 9
48. 14 9
49. 10 8
50. 1 7

Row clues (top to bottom):

1. 8 10
2. 7 9
3. 7 9
4. 7 9
5. 8 1 10
6. 20 7 12
7. 21 24
8. 21 23
9. 10 1 1 4 1 5 3 12
10. 10 1 2 12
11. 4 4 12
12. 4 5 5 6
13. 4 4 1
14. 3 6
15. 3 6
16. 4 6
17. 5 4 2
18. 6 2 2 5 1
19. 6 1 8
20. 5 6 1
21. 6 1 2 7
22. 6 3 3 8
23. 6 9 7
24. 4 9 6
25. 4 9 6
26. 5 11 7
27. 5 12 2 5
28. 20 5 5
29. 30
30. 12 12
31. 15 16
32. 9 3 10
33. 9 9
34. 10 3 12
35. 39
36. 5 35
37. 7 36
38. 8 9 11 7
39. 10 9 10 8
40. 10 6 1 1 11 9
41. 10 15 12 10
42. 10 27 10
43. 11 26 11
44. 11 26 11
45. 11 24 10
46. 11 22 11

Puzzle 03

							1							5			5					5		4	3				5				5		4	8							3	3				
				2			2						7	2		5	1		4	4	4	3	4	1	3				6	6		6	2	4	3	2							1	1				
		2	2	3		3	16	3	4	1	15	10	2	2	5	2	3		4	4	4	3	4	1	1	3	3	4	3	4	6	4	1	2	2	2	5	3				5	4	2	2			
		1	1	2	14	4	4	5	4	6	2	3	1	1	3	3	1	4	5	4	3	7	12	1	1	2	10	4	3	1	5	4	1	4	3	1	3	9	19	5	5	17	6	6	2			
	4	4	5	5	6	11	8	21	26	11	10	4	1	1	3	7	9	5	5	4	4	3	2	5	2	4	8	13	3	4	5	1	2	6	2	1	1	19	17	30	25	3	4	5	5	1		
7	1	1	3	9	1	5	3	12	13	27	9	2	1	3	5	4	5	17	4	4	9	5	4	7	5	8	9	8	4	6	9	16	14	5	4	5	12	3	10	10	10	10	3	3	5	5	4	6

1 5 19 4
1 2 24 5
1 4 31
1 19 10 4
8 1 15
3 7 3 2 7
12 4 5
11 5 1 2
8 1 4 1
1 2 2 1 1 4 1
4 3 2 1 6
5 3 1 1 2 2 8
1 3 3 10
8 5
8 4
7 1 1 4 1
7 7 2 3 3 7
7 11 7 3 8
6 1 6 6 1 7
5 10 9 6
5 3 1 1 1 3 2 2 5
3 2 1 1 3 5
2 2 1 3 4
4 2 2 4
4 2 2 4
5 2 2 4
5 3 2 5
3 1 1 3 4
3 4 3 5
3 2 2 5
4 7 5
4 13 4
5 15 5
5 8 8 5
4 9 2 5 5
3 2 4 4 4
2 3 3 4
4 3 1 3 4
6 3 4 3
8 4 7
8 3 5 3 7
10 8 3 15
15 12 16
13 34
6 5 5 1 1 3 6 11
2 1 5 20 4 5
1 1 4 18 4 3
2 3 5 16 7 1
1 2 5 14 7 1
1 2 5 2 3 7 1

Puzzle 04

Column clues (top to bottom):

Column	Clue
1	1
2	1
3	3
4	4
5	4
6	4
7	5
8	5
9	8 4 6
10	24 5
11	30 6
12	35 7
13	14 5 23
14	9 2 2 20
15	8 2 4 15
16	7 1 1 2 1 6
17	7 1 3 2 5
18	6 2 2 4 4
19	6 3 1 1 3 3
20	6 5 5 2 2 3
21	5 12 4 2 1 3
22	4 10 3 2 2 3
23	6 1 1 2 2 1 1 3
24	1 5 2 1 1 2
25	5 2 1 1 2
26	7 2 6 2 2 1 2
27	7 12 3 3 1 3
28	6 5 2 3 3 4 4
29	6 3 3 2 3
30	7 2 4 4
31	6 2 2 3 5
32	6 2 2 2 7
33	7 1 1 6
34	7 1 3 5 6
35	7 1 1 1 3 15
36	15 3 21
37	19 11 11
38	30 8
39	20 5 7
40	14 7 7
41	17 6
42	5
43	5
44	5
45	4
46	4
47	3
48	2
49	1
50	1

Row clues (left to right):

Row	Clue
1	6 2 9
2	10 10
3	11 11
4	26
5	27
6	10 17
7	8 4 1 7
8	6 1 5
9	6 5
10	5 5
11	5 5
12	6 6
13	6 6
14	5 7
15	5 6
16	5 7
17	5 6
18	4 1 1 5
19	4 7 2 4 5
20	5 5 7 1 5
21	5 1 1 4 5 6
22	10 3 3 11
23	7 2 4 3 2 3 2 1
24	3 1 1 2 2 2 4
25	3 2 3 4
26	3 2 3 1 2
27	3 3 2 5
28	4 2 3 5
29	4 3 2 4
30	4 1 3 5
31	4 1 1 4
32	4 10 4
33	4 9 4
34	4 2 2 4
35	4 1 4
36	4 4
37	8 3 4
38	7 4 3 3 3
39	3 14 3
40	3 2 4 3
41	4 1 1 4
42	3 1 6 5
43	4 3 7
44	6 1 9
45	8 10
46	11 14
47	15 1 4 11
48	21 7 12
49	31 13
50	1 7 3 16 2 11

Puzzle 05

Column	Clue
1	1
2	2
3	4
4	4
5	10 5
6	16 5
7	21 5
8	17 1 6
9	6 6 1 6
10	25 6
11	27 6
12	9 2 2 5 6
13	8 4 7 6
14	8 2 3 8 7
15	7 3 2 17
16	7 4 1 6 3
17	2 4 4 1 4 2
18	1 3 4 1 2
19	6 4 1 3 2
20	7 3 2 2 3
21	8 3 2 4 3
22	8 5 2 5 3
23	8 1 3 5 4
24	8 1 1 3 2 1 4
25	8 1 2 2 4
26	7 4 3 1 1 4
27	7 7 2 2 2 4
28	7 4 2 5 4
29	7 4 2 4 3
30	6 5 1 2 3
31	4 2 5 1 2 4
32	4 4 5 1 1 3
33	4 1 3 4 2 2
34	6 4 3 2 2 5 2
35	7 5 3 3 13
36	8 5 4 8 3
37	9 3 3 9 4
38	40
39	24 7
40	5 13 9
41	6 5 2 8
42	6 4 4 5
43	6 6 4
44	11 5 4
45	11 4
46	3
47	3
48	2
49	1

Row	Clue
1	9
2	4 14
3	24
4	5 19
5	7 20
6	21 6
7	32
8	17 2 8
9	7 2 8
10	7 3 7
11	6 3 7
12	6 2 3 4
13	3 2 3 7
14	3 2 2 3 3
15	3 2 6 3
16	3 2 6 3
17	7 6 2
18	8 5 2
19	7 5 2
20	7 8
21	7 6 3 4
22	7 6 9 5 3
23	4 2 8 16 1 1
24	4 24 6 4
25	4 4 4 2 3 3 1 3 4
26	3 3 1 1 2 2 2 1 1
27	4 2 2 1 1 1 3 1 1
28	2 2 1 2 2 2 3 1
29	1 2 2 2 2 2 3
30	1 3 6 2 5 3
31	2 2 4
32	2 2 5
33	3 3 5
34	4 6 4
35	4 3 4 4
36	4 3 3 2 1
37	5 6 6 3 1
38	5 6 3 2 2 1
39	4 1 2 2 2
40	4 1 1 6
41	1 4 6
42	2 6
43	3 2 4
44	5 4 4
45	8 4 11 3
46	11 14 4
47	13 12 6
48	13 7 8
49	14 9
50	15 10

Puzzle 06

2 10 7 5
3 10 3 2 8
16 4 10
16 4 12
3 20 8 3
3 6 6 9 4
8 15
8 6 8
6 6 3 3 3 7
5 12 3 6 2 3 1
4 14 7 2 3 1
4 17 9 9
3 2 4 2 10 6 3
2 1 3 8 4 2
2 2 5 8 4 3
2 1 1 3 7 6
3 1 5 6 4
3 1 5 7 5
5 2 4 4
1 4 2 2 1 1
2 4 1 3
2 3 1 4 1
3 4 3 5
3 5 4 4
3 4 3 3 4
4 4 9 4 3
4 15 5 2
3 4 3 3 2 2
3 2 3 2 2
2 2 2 2 2
3 3 3 2 2 2
3 4 3 1 2 2
3 4 2 1 3 2
4 5 2 1 2 1 3
4 6 3 1 2 3
4 4 2 1 4 3
4 5 2 2 2 3
4 8 3 5
5 1 3 1 2 8
6 5 2 9
7 4 3 4 4
8 3 4 5 2
14 4 8 3
3 13 2 10 5 2
4 14 3 10
5 10 1 4
6 10 1 4
8 1 8 5
13 4 7 2
36 5 3

11 17 7
13 18 7
10 2 7 10 7
10 2 8 6
3 4 4 5 5
3 4 2 1 4 4
7 1 5 3
8 2 4 3
1 5 3 4 2
4 4 4 2
5 4 3 2
4 3 4 2
5 4 4 2
5 4 3 1
5 4 3 1
5 4 3 1
5 4 3 3 1
5 4 5 5 3 1
3 1 3 1 6 14 1
2 2 17 15 1
1 2 18 12 2 1
1 3 2 8 5 5 1 2 1 1
3 2 4 6 1 1
4 1 5 1 3 1 1
4 3 2 1 2 1
2 1 4 1 1 1
3 4 3 1
2 3 3 1
1 4 3 1
1 5 4 1 2
2 5 3 2 2 2
2 1 4 3 4 3 1 2
1 2 5 2 4 8 5
2 5 3 3 7 2 1
2 5 7 2 1 5
2 6 4 1 1 5
3 5 2 7
5 4 2 2 3 9
9 4 13 1 9
10 3 9 2 4 5
7 3 1 2 4 3 3 6
7 4 2 8 4 1 2 1
8 4 2 7 3 4
8 4 2 3 3
8 5 2 3 2 1
3 7 2 1 3 4 3 1
10 4 4 6 6
11 6 5 8 1 6
6 8 14 10 1
15 14 7 2 1

Puzzle 07

Column	Clues
1	2
2	2
3	1
4	4
5	4
6	3 3 2 11 4
7	27 3 4 3
8	2 29 8
9	10 14 10
10	14 21
11	10 10 1
12	8 1 6 5
13	4 1 3 11
14	4 1 2 4 9
15	4 1 2 1 5
16	4 1 4 1
17	3 5 2
18	3 3 1 2
19	4 2 1 3
20	4 2 1 2 3
21	4 2 2 2 1 1 3
22	4 1 2 1 2 4
23	4 2 2 1 3
24	4 2 2 1 3
25	4 2 2 1 3
26	3 1 1 2 2 2 3
27	3 3 1 1 1 4
28	3 5 1 1 4
29	3 4 2 3
30	3 2 1 1 3
31	4 2 3 1 4
32	4 1 4 3
33	4 1 2 1 3
34	5 2 4 3 1
35	4 1 4 5 2
36	4 1 1 11
37	5 12
38	4 4 14
39	15 19
40	17 2 23
41	6 15 7 15
42	3 16 9 10
43	15 2 11 6 1
44	9 4 12 3 1 1 1
45	2 3 3 16 1 1 1
46	9 3 1 15 2
47	1 8 2 1 5 3 2
48	2
49	0
50	0

Row	Clues
1	1 1 3 7 3
2	1 23 1 5
3	34
4	35
5	5 11 2
6	6 8 4
7	6 2 4
8	1 4 2 3 1
9	2 3 3 5
10	6 10
11	6 9
12	5 7 1
13	4 8
14	3 1 5 3
15	3 7 1
16	3 1 5 2
17	2 3 4
18	2 1 1 7
19	3 5 6 4 1 1
20	3 3 4 3 2 1
21	2 8 4 4 2 4
22	2 7 2 3 5 2 2
23	2 2 2 2 7 3 2 2
24	2 3 1 5 1 5
25	2 5
26	3 5
27	3 6
28	4 7
29	4 1 7
30	5 1 2 8
31	5 7
32	5 5 2
33	1 3 2 3 5 2
34	5 6 2 2 2
35	5 2 3 2
36	6 3 2
37	1 4 4 1 2
38	2 5 4 9 4 3 1
39	1 4 5 1 5 1 2
40	1 4 1 1 7 1
41	2 6 3 2 7 1
42	1 6 5 10
43	1 9 12
44	1 5 4 12
45	1 5 3 1 3 10
46	2 4 4 3 3 9 2
47	1 3 4 5 5 8 1
48	1 5 3 13 7
49	1 5 3 10 8 1
50	8 7 7 3 1

Puzzle 08

0	
0	
6	
3 7	
12 7	
26	
32	
34 1	
35 2	
11 22 4	
11 16 11	
10 7 14	
9 9 5	
6 9 4	
4 12	
3 1 3 8 1 8	
6 22 12	
5 21 15	
4 1 13 16 4	
3 3 3 2 15 4	
2 3 1 16 10	
4 4 3 5	
3 1 5 5	
2 5 3 2 6	
9 4 2 7	
9 5 2 3 8	
8 6 2 7	
2 4 5 3 4	
7 5 3 5	
8 5 2 1 5	
7 4 2 2 5	
8 3 2 3 2 5	
9 1 4 3 4 4	
9 1 1 5 1 3	
8 3 1 5 1 2	
8 5 2 5 2 1	
8 4 1 2 4 5	
9 2 3 7	
6 4 9	
6 4 3 12	
5 6 2 3 10 1	
3 9 2 2 17	
28 1 5	
9 17 4	
4 13 2	
4 1	
4 3	
5	
0	
0	

0	
5 9	
23	
8 2 3 12	
8 2 18	
5 5 19	
8 2 20	
5 1 2 21	
6 5 1 10 2	
5 2 6 3	
6 1 1 1 3	
6 3 6	
6 5 3 6	
6 6 1 9 2 6	
5 5 11 4 6	
6 3 11 4 4	
5 3 11 3 3	
5 1 3 3 1 2 1 2	
5 2 4 1 1 2	
5 3 6 2 4	
9 6 2 6	
9 4 1 8 3 2	
9 4 1 8 8	
9 4 1 2 1 2 5	
9 3 1 1 3	
7 1 6 4	
7 5 4	
7 5 4	
8 6 4	
8 6 1 4	
2 6 1 6 1 4	
1 7 1 1 3 5 5	
9 1 4 2 5	
9 2 3 1 7	
10 2 4 1 5 3 3	
8 1 2 5 1 8 4 2	
7 1 9 2 7 4 2	
9 2 7 1 5 5 1	
1 7 10 1 3 6 2	
7 10 6 2	
14 1 4 8 1	
12 1 5 4 3 1	
3 11 6 5 1 2	
2 11 9 8 2 1	
4 6 10 4 3	
3 5 10	
4 2 3 7	
5 1 2 7	
0	
0	

Puzzle 09

Column clues (left to right, each read top to bottom):

Column	Clues
1	0
2	1
3	2
4	3
5	3
6	4
7	14 4
8	21 5
9	19 3 6
10	8 13 1 6
11	9 16 2 7
12	8 1 21 7
13	9 1 1 10 4 1
14	6 4 2 12
15	10 2 7
16	8 3 4
17	1 5 3 3
18	8 2 4
19	1 5 3 4
20	4 3 3 1 4
21	4 4 2 2 4
22	5 3 3 2 2 4
23	2 6 3 6 1 2 4
24	1 1 5 5 3 1 1 3
25	3 4 2 1 2 3
26	7 2 1 1 3
27	8 7 3 1 2 3
28	8 3 4 1 1 3
29	8 3 1 4
30	8 2 2 3
31	6 3 1 4
32	7 3 1 3
33	7 2 1 1 2 7
34	8 4 14
35	9 2 15 1
36	10 2 2 9 7
37	11 8 8 7
38	30 6
39	23 3 5
40	23 5
41	18 4
42	6 2 3
43	3
44	2
45	2
46	2
47	1
48	1
49	1
50	1

Row clues (top to bottom):

Row	Clues
1	8 6
2	5 4 10
3	4 5 13
4	13 13
5	9 18
6	12 17
7	22 9
8	5 4 11 8
9	8 4 8
10	8 7
11	8 7
12	4 1 7
13	4 1 6
14	3 2 6
15	5 5
16	5 5
17	6 5
18	6 4
19	7 7
20	6 7
21	6 5
22	6 5
23	6 10 14
24	6 10 14
25	6 2 2 2 3 2 1 5
26	2 3 1 1 2 5
27	1 3 1 1 3
28	1 2 1 1 2 1
29	1 3 1 1 2 1
30	2 2 2 1 5
31	1 3 1 2 5
32	1 3 1 1 6
33	1 3 3 2 6
34	4 7 1 4
35	4 5 5
36	4 4
37	4 3
38	3 1 3
39	2 1 9 2
40	3 3 3
41	3 2 2 3
42	6 5 3
43	1 4 1 3
44	3 3 5
45	5 3 3 3
46	5 3 3 5
47	7 4 4 6
48	9 12 8
49	10 11 11
50	12 8 16

Puzzle 10

Column	Clue
1	1
2	1
3	1
4	1
5	1
6	1
7	1
8	2
9	2
10	2
11	3
12	4
13	5
14	1 6 1 1 6
15	14 22
16	41
17	45
18	46
19	13 33
20	14 23 2
21	18 1 12 2 2 2
22	22 1 11 4 2
23	16 22
24	1 11 20
25	11 1 17
26	7 1 2 14
27	6 1 4 2 6
28	7 1 2 2 5
29	5 2 2 2 1 5
30	5 2 5 5
31	5 5 1 5
32	4 4 1 5
33	4 6 1 5
34	4 4 1 1 1 5
35	4 4 1 2 2 1 5
36	4 2 5 2 2 1 5
37	4 2 3 1 4
38	4 2 3 1 4
39	4 3 2 3 1 4
40	5 4 4 2 1 4
41	5 5 1 1 2 2 5
42	5 6 3 2 2 5
43	5 7 1 2 3 6
44	6 5 2 3 7
45	7 4 4 12
46	7 3 5 1 1 16
47	7 1 3 3 20

Row	Clue
1	4 20
2	3 23
3	28
4	29
5	14 8
6	12 4
7	12 3
8	10
9	9
10	10
11	10
12	9
13	9
14	9
15	9
16	9
17	4 2 3
18	5 2 5 5
19	5 2 1 5 7
20	5 1 4 6 1
21	5 1 10 5 2
22	6 2 11 7
23	6 1 2 4 4 3
24	6 4 1 1 5
25	7 5 4
26	7 1 1
27	7 1 1
28	1 6 1 1
29	8 1 2 4
30	10 1 1 1 1
31	10 1 2 2
32	10 8 1
33	10 5 2
34	11 1
35	12 2
36	11 2
37	13 9 2
38	12 11 2
39	13 3 3
40	6 6 5
41	6 4 1 1 7
42	6 4 13
43	12 3
44	12 4
45	7 6 5
46	7 16 7
47	8 1 25
48	9 25
49	40
50	46

Puzzle 11

0
0
0
2
3
8 3
14 3
26 4
29 4
9 18 5
7 3 5 10 6
5 2 1 1 3 10 8
8 3 2 11
4 2 2 2 7
5 1 2 1 2
4 1 2 2 1
2 2 2 2 2 1 2
1 5 3 2 2
1 1 3 2 2 2 1 2 2
1 2 2 1 1 5 2 2
7 2 1 1 2 1 2
3 3 1 1 1 2
1 1 2 2 1 1 2
7 1 2 1 2
1 2 7 3 2 1 2
1 2 4 7 1 1 2
7 2 2 3 2 1 3
2 4 1 1 3 3
6 2 1 2 3
7 2 2 1 3
6 2 2 3
6 2 1 4
6 2 2 7
5 2 1 15 1
3 2 3 10 6
3 3 11 5
7 18 4
23 3 3
22 3
10 2
2
2
1
1
0
0
0
0

12
3 2 1 4
4 7 1 3
7 2 1 6
10 2 1 7
7 17
6 19
8 1 8
4 2 7
6 6
5 3
3 3
4 3
3 1 3
3 3
3 2 3
4 1 3
6 2 3
5 6
6 5 1 1 5 5
16 9 4
8 1 1 2 2 4
7 7 8 1 4
6 2 2 1 1 3 2 1 1 4
4 1 1 2 3
4 1 1 3
3 1 3
3 2 3
3 1 4
4 1 2 4
4 2 2 4
5 3 3 3 1
4 7 5
4 2 1 2 5
3 5
3 4
3 3
3 4 2 3 3
3 4 9 3
3 1 3
3 6 3
2 2
3 3
3 3
5 5
6 7
5 1 3 4
8 1 4 5
9 13 8
9 11 11

Puzzle 12

Column	Clues
1	1
2	1
3	2
4	2
5	3
6	7 2
7	5 2 2
8	1 2 2 2
9	13 1 2 3
10	12 11 2
11	10 11 1 2
12	11 6 9 7
13	7 2 2 2 9 6
14	5 2 1 1 7 10
15	5 1 1 1 18
16	5 7 11
17	5 4 1 3 7
18	5 6 3 5
19	5 5 1 1 1 4
20	5 3 2 4 1 6
21	5 1 2 1 1 8
22	6 4 1 1 8
23	5 3 4 1 2 8
24	5 9 7 2 8
25	6 10 7 3 8
26	6 5 4 7 3 6 2
27	5 1 3 11 4
28	7 4 2 3 5 6
29	14 2 1 1 6 3
30	13 2 2 1 2 12
31	12 2 4 21
32	12 9 22
33	21 15 8
34	31 7
35	28 6
36	22 6
37	5 10 5
38	11 2
39	9 2
40	6 2
41	2
42	3
43	3
44	2
45	1
46	1
47	0

Row	Clues
1	7
2	13
3	17
4	19
5	21
6	8 1 10
7	6 8
8	5 8
9	4 8
10	4 9
11	4 9
12	3 9
13	5 10
14	5 8
15	4 2 6
16	4 5
17	2 6
18	2 3 12
19	2 8 15
20	1 1 5 5 5 2
21	6 5 4 11
22	2 12 3 12
23	2 5 1 2 2 10
24	6 1 3 2 12
25	6 2 3 9
26	1 2 3 7
27	1 3 3 7
28	2 2 2 7
29	2 3 1 7
30	6 1 5 8
31	5 10 5
32	2 7 5
33	4 8 6
34	5 10 6
35	4 2 1 5 4
36	23
37	6 7
38	4 9
39	3 14
40	3 4 5
41	4 6
42	5 1 1 3
43	20
44	1 21
45	26
46	20 10
47	9 7 12
48	5 4 6 7 4
49	4 4 6 7 3
50	5 4 6 6 5

Puzzle 13

Column	Clues
1	0
2	0
3	5 2
4	4 2 9 4
5	11 9 5
6	13 10 5
7	8 5 12 4
8	10 1 1 2 15
9	6 4 2 6 17
10	5 7 2 4 3 13
11	4 5 2 5 2 14
12	5 9 4 2 5 7
13	5 6 3 2 3 6
14	5 3 3 2 4 4
15	6 1 4 3 4 3
16	3 1 3 3 4 3
17	1 2 3 2 3 3
18	4 1 3 2 3 3
19	5 2 3 3 3 3
20	7 5 3 2 4
21	6 4 4 3
22	7 1 2 1 4
23	6 2 3 1 4
24	1 2 1 3 4 2 5
25	2 2 3 4 2 1 5
26	3 1 2 3 2 1 6
27	3 2 2 4 4 6
28	3 2 2 2 5 7
29	1 1 1 3 3 1 5 7
30	1 2 4 1 8 1 8
31	2 1 4 1 1 9 10
32	1 2 3 1 2 1 5 2 5 4
33	1 4 3 2 6 3 1 9 2 1
34	7 2 3 2 4 1 9 2 1
35	3 11 3 9 2 1
36	2 1 2 1 7 12 1
37	1 3 1 1 4 11 1
38	2 7 1 2 8 1
39	12 3 8 1
40	18 3 10 1
41	15 3 1 2 8
42	12 5 9
43	5 6 5 3
44	7 3 3
45	3 3
46	3
47	2
48	2
49	0
50	0

Row	Clues
1	5 3
2	8 3
3	8 3
4	8 6 1 3
5	8 4 2 2 4
6	4 1 7 5 4
7	3 13
8	4 3 6
9	3 2 5
10	5 2 1 5
11	6 8 1 8
12	10 8 1 6
13	11 7 1 1 4
14	3 14 2 3 4
15	3 5 8 5 2 4
16	9 5 9 1 3 1
17	3 2 2 3 7 3 2 3
18	4 1 1 1 2 1 4
19	5 2 1 6
20	3 2 3 4
21	1 1 2 3 4
22	1 1 1 5 3
23	3 1 1 1
24	3 1 2 5 2 1
25	3 3 1 3 3 3 2 2
26	4 13 2 1 2 1 2
27	4 14 3 1 2 5
28	16 2 5 2 3
29	4 2 2 4 3 2
30	3 3 2 2 3
31	3 9 5
32	3 7 5
33	3 3 2 1 1 6 2 7
34	15 3 3 8 2
35	5 12 3 10 2
36	3 3 2 2 8 2
37	3 1 2 14 2
38	6 4 1 13 1
39	14 6 7
40	12 2 5 7
41	10 1 3 8
42	5 3 2 7
43	4 5 2
44	6 6 1
45	8 8 1
46	9 8 2
47	4 6 1 13
48	3 25
49	4 24 4
50	3 28

Puzzle 14

Column clues (left to right, each read top to bottom)

Column	Clues
1	0
2	0
3	1
4	2
5	2
6	6 2
7	18 3
8	25 3
9	28 4
10	30 5
11	15 4 7 6
12	10 1 5 9 7
13	10 5 12
14	9 2 3 11
15	4 4 1 2 4 10
16	5 4 1 2 1 1 10
17	5 1 2 4 1 1 6
18	5 5 3 2 5
19	4 4 3 2 4
20	1 2 1 3 3 4 3 3
21	4 2 4 4 9 1 3
22	3 8 11 1 1 2
23	3 8 3 1 3 2
24	1 8 2 1 2 1
25	1 7 1 2 1 2 2
26	1 6 4 3 1 1 2
27	1 5 3 4 1 1 2
28	3 5 5 2 2 3
29	10 4 1 2 4
30	4 4 1 2 4 2 4
31	3 5 1 1 2 1 3 7
32	3 4 1 1 2 2 1 7
33	3 4 2 3 8
34	2 2 3 6 1 2 7
35	5 4 5 13
36	10 3 12
37	5 4 10 3
38	18 9 7
39	29 5
40	21 4 4
41	19 2 3
42	5 2 2
43	2
44	1
45	1
46	0
47	0
48	0
49	0
50	0

Row clues (top to bottom)

Row	Clues
1	8 9
2	7 4 8
3	13 9
4	11 2 4
5	10 4 1 1 6
6	7 10 9
7	11 13 5
8	10 2 19
9	25 4 4
10	27 8
11	8 9 7
12	7 4 7
13	6 6
14	6 5
15	6 5
16	5 1 5
17	5 4
18	4 1 4
19	4 1 3 4
20	4 2 4
21	4 4
22	4 4
23	4 4 4
24	4 5 8 3
25	13 5 3 3
26	6 5 11 3
27	14 11 3
28	8 1 3 1 1 2 2
29	3 2 2 2 2 4
30	4 3 1 4
31	3 2 4
32	4 2 5
33	3 3 1 4
34	4 3 2 4
35	4 3 3 4
36	4 4 3 5
37	3 6 3
38	4 4 4
39	4 2 1 4
40	5 3 4 3
41	19 3
42	4 1 4
43	4 1 5
44	5 5 5 2
45	7 3 5 2
46	3 4 5 2
47	4 5 6 3
48	6 6 6 4
49	9 8 9 6
50	10 16 8

Puzzle 15

Column clues (left to right, each read top to bottom):

0 | 0 | 0 | 0 | 0 | 3 | 15 8 | 1 6 24 | 35 | 15 18 2 | 20 16 | 23 4 4 | 15 3 10 1 | 12 14 | 8 1 10 | 7 2 2 8 | 7 1 4 7 | 7 1 4 2 | 6 1 4 2 | 7 2 4 2 | 7 2 1 1 2 3 | 6 2 2 4 4 | 6 2 3 5 4 | 6 4 6 6 4 | 7 10 3 1 4 | 6 1 2 1 2 4 | 6 2 1 3 2 3 | 6 10 4 1 4 | 6 3 6 6 4 | 6 2 1 4 4 | 7 1 3 2 4 | 7 2 3 3 | 7 2 3 2 | 6 1 4 2 | 7 2 3 2 | 7 2 3 8 | 8 1 1 9 | 10 12 | 12 14 | 24 1 11 2 | 21 15 | 16 5 8 | 15 10 9 | 36 | 27 1 | 15 1 | 1 | 0 | 0 | 0

Row clues (top to bottom):

14
19
23
25
27
29
11 1 11
8 8
6 7
6 7
5 7
5 7
6 7
6 6
6 6
5 6
6 6 5 6
6 2 4 5 3 6
6 3 2 7
6 4 1 1 1 7
6 7 2 1 6 7
6 5 1 2 1 8 8
1 4 5 1 1 6 7
6 1 1 2 4
3 2 2 2 2 3
3 2 2 3 2 3
4 1 2 2 2 3
4 1 3 2 1 4
4 1 3 2 1 4
4 1 7 4
4 1 1 1 5
5 5
5 6 6
8 9 7
7 5 5 7
7 4 1 4 4 3
7 3 2 4 4
4 3 7 4 2
4 3 2 5 3
5 4 10
5 5 11
5 7 12
5 10 4 10
7 4 7 6 9
4 2 4 12 4 4
7 4 10 9
11 8 10

Puzzle 16

0
1
3
4 6
9 7
12 8
2 4 2 3
1 7 2 5 2 1
14 1 3 3
18 2 12
13 7 17
15 26
15 20 3 2
12 1 3 2 2 6 2
10 1 4 2 7 2
3 3 2 2 7 2
2 2 1 7 2
1 4 1
1 4 1
1 3 1
1 3 5 1
1 5 1 7
1 1 1 4 1 6
1 1 1 3 2 5
1 1 2 1 2 2 4
1 1 2 1 2 2 3
1 2 1 1 1 2 3
1 3 4 3 2 3
2 2 2 2 2 3
1 5 2 1 3
1 2 2 2 3
1 2 2 1 3
1 1 1 2 1 1 3
1 2 3 5 3
1 3 1 4 5 3
2 5 3 17
2 4 18
2 5 7 4
4 6 1 10
9 1 1 3 5 9
21 15
34
22
0
0
0
0
0
0
0

31
7 1 8
7 5
7 5
7 4
7 4
9 4
10 4
8 4
7 3
7 4
8 1 3
6 2 3
7 3
3 2 4
4 3
6 1 3
3 2 9 3
2 2 2 7 1 6
3 2 2 3 8
3 3 10 9
3 3 1 2 3 5 2
3 3 3 1 9
2 1 1 4 4 4
2 4 2 3
2 2 2 1 4
2 5 1 3
3 4 2
2 3 1 1 2
2 3 3 1 2
1 3 3 5 2 2
2 3 2 4 10 2
8 2 6 3
7 1 9
4 1 7
4 1 6
4 8 7
5 2 4 10
7 4 2
8 4 2
4 4 5 2
11 1 4
12 1 4
2 4 4 2 3
3 1 5 3 3
3 2 8 3
3 2 8 3
5 3 2 14
5 3 13
7 17

Puzzle 17

Column	Clues
1	2
2	2
3	3 1 3
4	21 3
5	24 4
6	27 4
7	5 5 15 1 5
8	5 3 4 6 6
9	3 3 2 4 7
10	1 5 2 7 8
11	4 4 16
12	4 1 2 3 5
13	1 3 3 8 4
14	1 4 4 10 2
15	6 3 4 6 1
16	5 3 4 6
17	6 3 3 7
18	6 2 4 1 3 1 4
19	6 1 15 1 3
20	6 1 3 5 2 5
21	5 2 3 4
22	7 1 3 4 4
23	7 3 3 6 3 6
24	6 3 1 4 10
25	6 4 1 4 3 4
26	5 3 3 5
27	5 2 2 3 4
28	1 2 1 2 4 6
29	6 1 1 1 4 6
30	6 1 2 10 1
31	5 1 8 3
32	8 1 4 4
33	10 2 5
34	10 4 11 6
35	1 12 15 9
36	27 11
37	16 9
38	11 10
39	1 1 9
40	8
41	7
42	7
43	6
44	6
45	6
46	5
47	4

Row	Clues
1	5 4 3 1 1
2	5 3 4 6 6
3	6 1 13 6
4	5 26
5	31 1
6	3 19 8
7	8 10 5
8	5 6
9	5 5
10	4 6
11	5 1 4
12	4 5
13	4 5
14	4 5
15	4 5
16	5 4
17	4 5
18	4 3
19	4 5 4
20	4 4 1 3
21	5 7 2 5 2
22	8 6 8 2
23	8 7 1 1 2 1 2
24	5 2 1 1 1 1
25	3 1 1 2
26	3 1 2
27	3 3 1 2
28	2 3 1 3
29	2 3 1 3
30	3 2 3
31	3 1 3
32	2 2 3 2
33	1 2 1 2
34	1 7 2
35	2 13 2
36	2 8 9 2
37	2 8 9 2
38	1 4 4 3
39	5 5 2
40	4 3 3 2
41	5 5 4 3
42	1 5 7 5 5
43	2 6 1 1 2 4 6
44	3 4 1 1 4 8
45	4 4 2 5 12
46	6 4 1 7 15
47	9 13 16
48	11 11 17
49	14 8 6 10
50	15 5 6 9

Puzzle 18

7	13	14 1	20	25	12 2 9	13 4 10	16 7 6	19 9 1 1 3	18 7 6 3	15 1 7 12	24 4 2	14 4 1 3 1	9 3 5 8 1	6 3 5 7 11	6 7 15	4 6 1 8	2 5 1 1 1	2 1 6 2 2 1	2 2 2 2 3 2 3	5 3 1 2 5	2 4 1 3 5	5 1 2 1 5	4 4 1 4	2 3 2 2 3	4 4 1 1 4 3	7 2 4 2	7 2 4 1	7 4 1	7 2 1 3 2	8 4 2 3	8 5 1 5	9 1 3 5	9 1 2 7	10 2 7 1	13 8 2	16 8 4	36	24 1 6	21 9	16 8	23	21	10 1	3

1
8 7
9 9
6 2 9
7 4 10
7 2 2 10
7 1 3 11
6 1 4 12
7 1 1 4 8
7 8 8
6 6 7
13 6
12 5
9 3 6
8 2 5
8 2 5
7 2 5
7 2 2 5
8 2 8 4 4
6 3 3 3 5
10 8 6 5
7 2 9 5 6
8 2 1 1 1 2 6
7 2 2 7
4 1 2 2 7
3 3 2 1 8
4 3 3 1 8
4 3 4 4 1 8
4 3 3 2 7
5 4 3 7
9 1 1 5 8
5 4 2 10 8
5 3 2 7 8
5 3 3 4 3 4
5 2 1 3 4 3
5 3 1 4 4 2
2 4 4 3 2 6 2
7 4 3 4 7 4
1 4 5 3 7 6 1 4
4 3 3 19 5
8 3 7 14
4 2 3 5 3 7
4 2 1 8
7 2 4
6 3
4 2

Puzzle 19

Column clues (left to right, top to bottom):

Column	Clue
1	0
2	9
3	15
4	22
5	27
6	31
7	35
8	37
9	33 2
10	14 3 5
11	11 1 5
12	9 1 8
13	7 1 3 9
14	7 3 1 4 15
15	6 4 1 1 1 1 12
16	4 2 3 1 8
17	3 2 2 6
18	3 2 1 2 3
19	3 6 2 3
20	4 7 5 4 2
21	4 4 4 2 4 2
22	5 3 9 5 1
23	6 4 1 2 5 1
24	6 1 4 1 1
25	8 1 4 1 1
26	8 3 2 3 1 1
27	10 13 5 1
28	11 4 6 3 4 1
29	12 2 1 6 4 1
30	14 2 2 3 2 2
31	16 2 1 3
32	17 2 3 4
33	19 3 5
34	20 2 1 6
35	27 9
36	27 14 2
37	41 3
38	47 1
39	50
40	46
41	49
42	48
43	47
44	45
45	43
46	40
47	2 24 1
48	0
49	0
50	0

Row clues (top to bottom):

Row	Clue
1	29
2	32
3	34
4	9 24
5	9 22
6	9 22
7	9 20
8	7 21
9	8 19
10	7 20
11	7 1 19
12	8 2 19
13	7 2 18
14	7 2 17
15	8 16
16	7 17
17	8 16
18	9 15
19	9 8 18
20	8 6 4 14
21	8 3 2 13
22	8 1 5 2 13
23	8 2 4 2 16
24	8 10 2 2 18
25	8 2 3 1 1 2 2 2 13
26	8 3 1 3 14
27	7 2 3 13
28	7 2 2 11
29	7 3 3 11
30	6 3 3 11
31	6 3 3 11
32	7 1 1 1 2 12
33	9 4 5 12
34	9 11 12
35	9 1 1 12
36	3 5 12
37	3 4 12
38	2 3 2 12
39	2 5 10 12
40	2 4 12 11
41	1 3 12 11
42	3 4 3 2 9
43	3 6 2 9
44	3 2 10
45	4 3 9
46	4 3 9
47	4 4 3 6
48	6 5 1 1 6
49	8 8 1 6
50	23 2 5

Puzzle 20

Column clues (left to right, top to bottom):

1. 5
2. 8
3. 11
4. 12
5. 13
6. 8 5
7. 16
8. 3 17
9. 13 6 9
10. 28 7
11. 16 18
12. 13 4 6 11
13. 10 1 2 4 8
14. 9 2 2 1 1 3 1
15. 7 2 6 1 5
16. 6 2 4 1 4
17. 6 2 5 1 4
18. 5 3 4 2 2 2
19. 6 2 4 3 4 3
20. 5 2 2 3 6 2
21. 5 3 5 2 7 2
22. 5 7 2 2 2 2
23. 5 4 1 2 2 2
24. 5 3 1 3 2 2
25. 5 4 3 1 2
26. 5 3 4 2 1 1 2
27. 5 1 2 2 1 2 3 2
28. 5 2 4 2 5 3
29. 6 2 5 2 4 3
30. 6 2 4 1 2 3
31. 6 1 5 1 3
32. 7 2 5 1 3
33. 7 1 4 1 1 1
34. 7 2 2 1 2 2
35. 7 1 2 1 2 5
36. 10 3 10 5
37. 11 30
38. 26 1 10
39. 23 1 10
40. 4 3 9
41. 6
42. 5
43. 6
44. 5
45. 5
46. 3
47. 0
48. 0

Row clues (top to bottom):

1. 12
2. 16
3. 19
4. 21
5. 23
6. 7 7
7. 6 6
8. 5 6
9. 5 5
10. 4 5
11. 5 4
12. 5 4
13. 4 4
14. 4 4
15. 4 4
16. 4 4
17. 4 5 1 3
18. 12 7 4
19. 4 3 4 2 3
20. 3 3
21. 4 2 2 12
22. 5 8 14
23. 5 9 8 4
24. 12 6 7 4
25. 2 1 3 1 4 2 2 4
26. 2 1 6 1 4
27. 2 2 2 3
28. 1 2 1 3
29. 2 3 2 3
30. 4 3 2 1 4
31. 11 12
32. 4 2 2 1 1 4
33. 5 4 2 4
34. 5 4
35. 6 3
36. 6 3
37. 6 2 3 1
38. 7 3 2 3 3
39. 5 1 13 2
40. 7 2 8 3 1
41. 10 3 3 3
42. 10 2 2 5
43. 12 7 6
44. 4 7 3 7
45. 4 8 10
46. 15 15
47. 10 6 3 1 9
48. 9 2 5 5 1 10
49. 8 19 4 5
50. 8 2 3 11 4 4

Puzzle 21

Column clues (left to right, read top to bottom):

Column	Clue
1	0
2	0
3	0
4	0
5	0
6	0
7	5
8	24
9	30
10	32
11	24 6 1
12	16 7
13	12 8 2
14	9 1 13 3
15	9 2 1 17
16	8 3 3 17
17	1 5 3 1 16
18	7 2 2 8
19	7 3 2 2 5
20	7 3 1 3
21	6 3 2 1 2 3
22	6 6 1 9 2 3
23	5 19 2 1 2
24	4 12 2 2 2
25	6 2 2 2 2 2
26	1 3 2 2 2 2
27	6 1 2 1 2 2 1 2
28	1 4 1 1 3 11 2 3
29	6 6 9 2 4
30	6 9 1 7
31	6 4 1 1 8
32	7 1 4 2 8
33	7 2 2 2 9
34	7 3 1 15
35	7 2 2 17
36	7 2 1 12 3
37	9 2 8 2
38	10 6
39	17 4 1
40	32
41	1 29
42	2 1 22
43	2 14 3
44	2 4
45	1
46	0
47	0
48	0

Row clues (top to bottom):

Row	Clue
1	14 11
2	8 8 1 9
3	17 16
4	33 2
5	34 2
6	15 18 1
7	13 10
8	9 7
9	8 7
10	7 7
11	7 6
12	7 2 6
13	6 1 5
14	6 5
15	5 5
16	5 6
17	4 1 4 6
18	4 8 7 6
19	4 9 8 7
20	4 4 5 5 4 4
21	4 2 4 1 4
22	4 4 3 7 4
23	4 2 2 1 2 1 5 3
24	4 1 3 1 1 4
25	3 2 1 4
26	4 2 4
27	4 3 1 3
28	4 4 3 4
29	4 4 2 4
30	4 3 2 4
31	5 4 2 4
32	1 3 3 2 2 2
33	4 4 2 3 2
34	5 4 3 6
35	5 2 4 4
36	5 1 1 2 4
37	5 1 4
38	5 5
39	4 12 5
40	4 9 3
41	4 3
42	4 5 4
43	6 3 6
44	6 7
45	4 6
46	5 6
47	5 7
48	9 9
49	25
50	25

Puzzle 22

Column clues (left to right; each column read top to bottom)

Column	Clue
1	0
2	0
3	0
4	1
5	1 1
6	2 5
7	1 4 7 2
8	1 25
9	26 5 1
10	33 2
11	5 14 10 3
12	19 10 4
13	2 10 1 2 17
14	1 6 2 1 17
15	2 4 3 1 4 4
16	9 2 1 1 3
17	1 6 2 1 10
18	2 6 1 4 12
19	3 5 3 1 3 4
20	9 4 3 1 1 1 3
21	8 11 4 2 2 3
22	8 9 4 2 3 3
23	1 8 4 2 2 3
24	2 7 1 5 1 2 2
25	11 1 2 3 2 2 3
26	11 1 5 4 4 2 2 3
27	2 7 5 5 2 1 1 3
28	7 3 2 4 1 4
29	3 5 1 3 12
30	10 3 10
31	10 3 1 3
32	11 2 1 4 2
33	10 4 11
34	11 2 11
35	14 3 1 8 3 3 1
36	1 18 7 4 6
37	1 29 10
38	5 22 10
39	2 1 16 9
40	1 2 9 7 1
41	1 4 1 6 2
42	1 3 1 2
43	4
44	4
45	3
46	3
47	0
48	0
49	0
50	0

Row clues (top to bottom)

Row	Clue
1	12 5 4 1 1
2	5 2 5 4 8 2
3	6 1 5 2 7 2
4	2 5 3 4 4 6 2
5	8 13 9
6	4 27
7	34
8	32 1
9	34
10	8 17 1
11	8 3 9
12	9 8
13	8 7
14	7 7
15	7 6
16	7 1 3 5
17	5 1 6
18	5 6
19	5 6
20	4 5
21	4 7 4
22	4 10 8 4
23	3 3 5 9 3
24	3 3 3 6 3 3
25	3 2 2 2 2 2
26	3 1 2 2 2
27	1 2 2 3
28	4 2 1 3
29	4 2 3 4
30	4 3 3 4
31	4 2 3 3
32	4 2 2 5
33	3 7 4
34	4 6 3
35	4 7 3
36	5 7 4 4
37	4 3 1 3 3
38	4 3 3 2 3 3
39	4 2 11 3
40	2 2 3 4
41	2 2 2 8
42	3 2 8 2 12
43	6 6 5 11
44	6 1 3 10
45	7 4 7 4
46	2 3 3 7 1
47	3 3 3 8
48	4 10 4
49	5 8 7
50	6 3 2 4 2

Puzzle 23

0
0
0
0
1
9
20
25
15 4 6
8 4 9
14 10
6 7 2 1 9 5
9 2 4 15
8 2 1 5 2 11
8 4 1 1 1 13
8 1 4 1 2 2 2
4 3 6 1 2 3
5 1 5 3 1 3
9 3 2 3 2 2
9 3 3 2 2 2 2
9 3 1 3 3
5 4 3 1 3 3
5 3 1 3 1 3 2
5 3 5 2 3 1 3
6 3 5 5 1 2
10 5 2 2 3
10 4 2 3 2
9 3 11
10 1 2 9
1 3 3 1 2 3 5
1 3 2 1 1 10
4 1 3 1 12
4 1 4 12
12 11
14 4 7 2
33 4
29 4
27 4
22 4
10 5
4
2
0
0
0
0
0
0
0
0

10
18
17 3
24
26
7 3 13
9 4 4 5
21 7
10 12 6
4 1 18
7 11
6 8
6 8
4 6 7
4 5 6
7 1 6
8 1 6
6 1 5
5 5
4 6
4 6
3 6
3 3 3 5
3 9 10 4
3 3 5 5 4
3 8 7 4
2 3 2 3 3 4
2 4 1 1 4
3 1 4
3 1 1 4
3 1 2 3
4 2 1 3
4 1 2 5
4 3 4 5
3 7 5
4 6 5
5 2 6
6 1 5
4 6 3 6
6 16
5 8
4 4 2 6
3 4 7 2
4 3 7 3
5 7 4
4 6 4
5 3 4
7 2 1 4 3
4 12 3
3 10 3

Puzzle 24

Column	Clues
1	0
2	0
3	0
4	0
5	4
6	3 6 3
7	9 2 6 3
8	15 3
9	16 4
10	19 6 1
11	23 7 1
12	26 11 2
13	10 18 11
14	10 12 5 1 10
15	9 8 1 4 6
16	12 5 2
17	11 3 2
18	10 1
19	9 5
20	9 1 3
21	8 2 4
22	8 1 1 3
23	7 1 2 3
24	7 4 4
25	7 4 2 3
26	7 5 2 1 3
27	8 5 2 1 2
28	9 5 2 1 1
29	8 5 2 1 1
30	7 1 3 1 1
31	8 1 1 1 1
32	8 1 2 1 1
33	8 2 1 1 1
34	1 6 2 2 3 1
35	6 3 11 1 1
36	10 7 3 9
37	8 2 8 3 8
38	4 19 2 11
39	1 5 4 8 1 3 2
40	2 1 2 3 3
41	1 3
42	1
43	0
44	0
45	0
46	0
47	0
48	0

Row	Clues
1	1
2	13
3	18 1 1
4	21 1 2
5	21 3
6	28
7	28
8	32
9	14 15
10	13 9
11	11 9
12	11 4 1
13	8 1 1 2
14	8 2 3
15	7 2 2
16	10 2
17	9 3
18	9 2
19	9 1
20	10 2
21	1 8 6 4
22	9 11 5
23	9 2 6 5
24	1 1 5 7 5
25	2 5 2 4 5
26	1 1 4 5
27	3 3 2 1
28	3 3 3
29	2 3 1
30	1 3 2
31	1 4 1
32	2 1 2 3
33	1 4 4 2
34	2 2 3 10
35	6 4 2 6
36	5 3 1 5
37	4 1 1 2 2
38	5 13
39	5 4
40	5 7
41	5 5
42	4 5
43	5 3
44	6 1 1 3
45	4 8 2
46	3 8 2
47	3 9
48	5 1 12

Puzzle 25

Column	Clues
1	0
2	0
3	0
4	3
5	4 5
6	17
7	6 13
8	23 2
9	4 22
10	4 1 10 2 8
11	4 1 1 2 1 11
12	5 6 1 10
13	6 4 1 9
14	5 3 1 6
15	5 3 1 1 5
16	5 3 1 1 4
17	5 2 2 2 2 2 4
18	6 1 3 2 2 2 3
19	6 5 4 2 2
20	6 1 3 2 1 3 3
21	9 2 2 1 2 2
22	5 1 2 1 1 5 2 2 2
23	2 9 1 1 1 1 1
24	3 4 2 1 1 1 2 1
25	4 6 1 2 1 1
26	5 5 2 2 2 2
27	5 4 3 4 3
28	5 1 4 1 2 4
29	5 5 2 1 2 3
30	6 5 2 2 2 4
31	5 4 1 2 3 4
32	6 5 1 1 4
33	10 1 1 5
34	11 1 1 6
35	13 1 9
36	13 10
37	13 1 13
38	30
39	23
40	18 2
41	14
42	10
43	5
44	0
45	0
46	0
47	0
48	0
49	0
50	0

Row	Clues
1	0
2	16
3	21
4	13 11
5	15 11
6	17 11
7	8 4 2 8
8	4 1 5 1 7
9	4 2 5 3 2 7
10	7 2 1 1 3 16
11	6 6 3 2 17
12	6 10 19
13	1 3 30
14	7 1 1 9
15	6 8
16	6 9
17	6 10
18	6 8
19	6 7
20	7 6
21	5 6
22	5 5
23	4 3 6 5
24	4 9 5 1 4
25	4 1 4 2 3
26	4 4 6 3
27	2 1 2 1 1 2 1 3
28	3 1 2
29	2 3
30	3 4
31	4 1 4
32	1 2 1 2
33	3 1 2
34	3 2 3
35	3 4 3
36	3 4
37	3 7 4
38	3 5 7 3
39	3 4 5 3
40	4 1 1 2 1 1 4
41	3 4
42	4 4
43	4 4 5
44	5 1 1 5
45	4 5
46	4 6
47	4 5
48	5 5
49	9
50	0

Puzzle 26

3 12 5	30	34	7 3 23	8 2 21	9 22	10 16	11 1 3 13	13 5 13	8 7 2 7 10	26 9	9 11 8	8 10 7	9 1 8 6	19 4	18 4	2 2 12 3	5 11 2	5 7 3 1 3	4 7 1 1 1 3	4 3 1 2 1 1 2	5 1 1 1 3 1 3 2	5 1 1 5 1 6	6 1 4 1 1 5	6 3 1 5 3 4	11 2 1 2 2 2	7 2 6 4 2	5 4 6 5	4 6 4 1	11 3 1	2 8 3 3	3 1 6 2 6	12 4	12 5	5 7 5	3 10 4	3 7 7	1 9 3	2 16	3 6 4 1	3 3 4	4 4 3	5 5 4	10 4	9 3	10	3 3	5	7

23
25
6 13 5
22 3
11 7 8
9 4 3 2 2 1 2
16 2 16
16 2 9 6
21 18
8 6 15 4
7 7 14 3
6 1 6 2 9 4
18 6 6
15 12 1
17 11 1
19 9 2
4 11 3 4
3 8 1 7
3 6 11
3 4 7 2
3 1 4 6
2 4 3
2 2 6 1
4 2 5 4 3
4 2 5 5 1
4 3 11 2
3 1 4 1 1 6 1
5 4 5 1
4 1 3 2 3
6 2 5
6 5
6 6
6 4
6 1 1
7 2 1
6 1 2
8 3 2
9 3 1
9 4
10 3 2
10 4 1
10 5
11 6
12 5
13 3
12 1
14 1
15 2 2
19
4 1 11

Puzzle 27

Column clues (left to right, each read top to bottom)

Column	Clue
1	0
2	0
3	0
4	0
5	0
6	0
7	9
8	19
9	11 10 1
10	12 13 2
11	13 7 6 3
12	13 2 1 1 9 4
13	13 5 1 10 5
14	16 6 12
15	14 2 4 7 3
16	17 1 1 2
17	16 1 1
18	15 1 9 1 1 1
19	15 15 1 2 1
20	7 5 1 17 2 3 2
21	15 5 10 2 2 2
22	16 4 3 5 5 2
23	15 3 10 3
24	14 2 2 1 3 2
25	13 2 2 1 1 4
26	6 4 2 3 1 2 5
27	5 1 5 8 6
28	6 8 4 2 5 8
29	6 8 6 1 15
30	7 9 7 17
31	8 9 3 17
32	21 17
33	12 10 16
34	12 14 15
35	13 14 15
36	11 2 29
37	16 19 11
38	22 9 10
39	28 9
40	26 7
41	20 1 6
42	13 5
43	8 4
44	4
45	2 1
46	2
47	3

Row clues (top to bottom, each read left to right)

Row	Clue
1	14 4
2	23
3	25
4	27
5	28
6	17 12
7	16 12
8	11 5 1 11
9	17 1 11
10	22 10
11	23 11
12	35
13	25 1 6
14	12 4 7 7
15	8 8 16
16	6 4 1 16
17	5 3 7 7
18	3 14
19	2 6 6
20	2 1 13
21	2 2 4 12
22	2 11 10
23	8 7 4 10
24	8 4 6 8
25	4 3 3 4 3 8
26	8 4 5 2 4 3
27	4 3 2 4 8
28	4 1 3 3 1 8
29	6 4 5
30	2 5 10
31	2 5 9
32	2 5 10
33	3 4 9
34	3 5 9
35	4 6 9
36	3 7 9
37	3 6 10
38	3 4 1 10
39	3 1 1 9
40	4 5 1 10
41	13 11
42	3 3 11
43	4 5 12
44	3 6 13
45	2 1 7 6
46	3 7 7
47	3 7 10
48	5 1 7 11
49	7 11 8 1
50	8 13 9 1

Puzzle 28

Column	Clues
1	0
2	2
3	5
4	11
5	20
6	25
7	33
8	32
9	32 4
10	24 9
11	43
12	44
13	33 1
14	9 28
15	9 31 3
16	7 1 8 23
17	6 2 7 13
18	6 3 5 11
19	5 2 5 1 6 2
20	5 3 6 3 4
21	5 4 5 4 4
22	5 5 5 5 6
23	5 5 5 2 1 6
24	5 5 5 3 1 5
25	5 5 5 5 4
26	4 3 6 5 1 4
27	4 3 6 1 2 2 3
28	4 4 4 1 4 2 3
29	4 3 4 3 6 4 3
30	5 3 4 8 5 2
31	11 5 3 4 2 2
32	16 3 4 2 2
33	5 2 4 2 2 2 4 2
34	16 1 2 4 2 3
35	5 3 6 2 2 2 6 3
36	17 1 1 2 1 1 4 5
37	9 5 3 2 1 6
38	8 5 5 8
39	13 5 10
40	12 2 12
41	12 14
42	20 20
43	39
44	36
45	25
46	14
47	6
48	0
49	0
50	0

Row	Clues
1	12
2	17
3	21
4	23
5	12 9
6	7 9
7	7 2 2 7
8	7 4 1 2 1 6
9	6 12 8
10	6 25
11	7 26
12	10 4 1 1 8
13	6 2 1 1 5
14	6 24
15	37
16	37
17	37
18	21 10
19	14 3 2 4
20	11 3
21	11 5 5 3
22	10 8 2 4 3
23	9 4 3 1 1 5 3
24	9 3 3 1 1 1 2 3
25	9 7 1 5 3
26	10 2 4
27	10 1 4
28	11 1 4
29	11 2 4
30	11 3 1 3
31	12 3 4
32	12 5 1 4
33	12 9 4
34	5 6 6 4
35	5 6 4
36	5 6 5
37	5 6 5 6
38	5 7 9 6
39	5 2 4 7 3 7
40	6 2 5 10 7
41	6 2 6 2 1 2 8
42	9 6 6 8
43	5 3 6 4 9
44	5 3 8 9
45	5 3 9 11
46	5 3 9 12
47	5 4 3 6 12
48	5 4 4 8 14
49	6 5 5 26
50	6 4 5 18 6

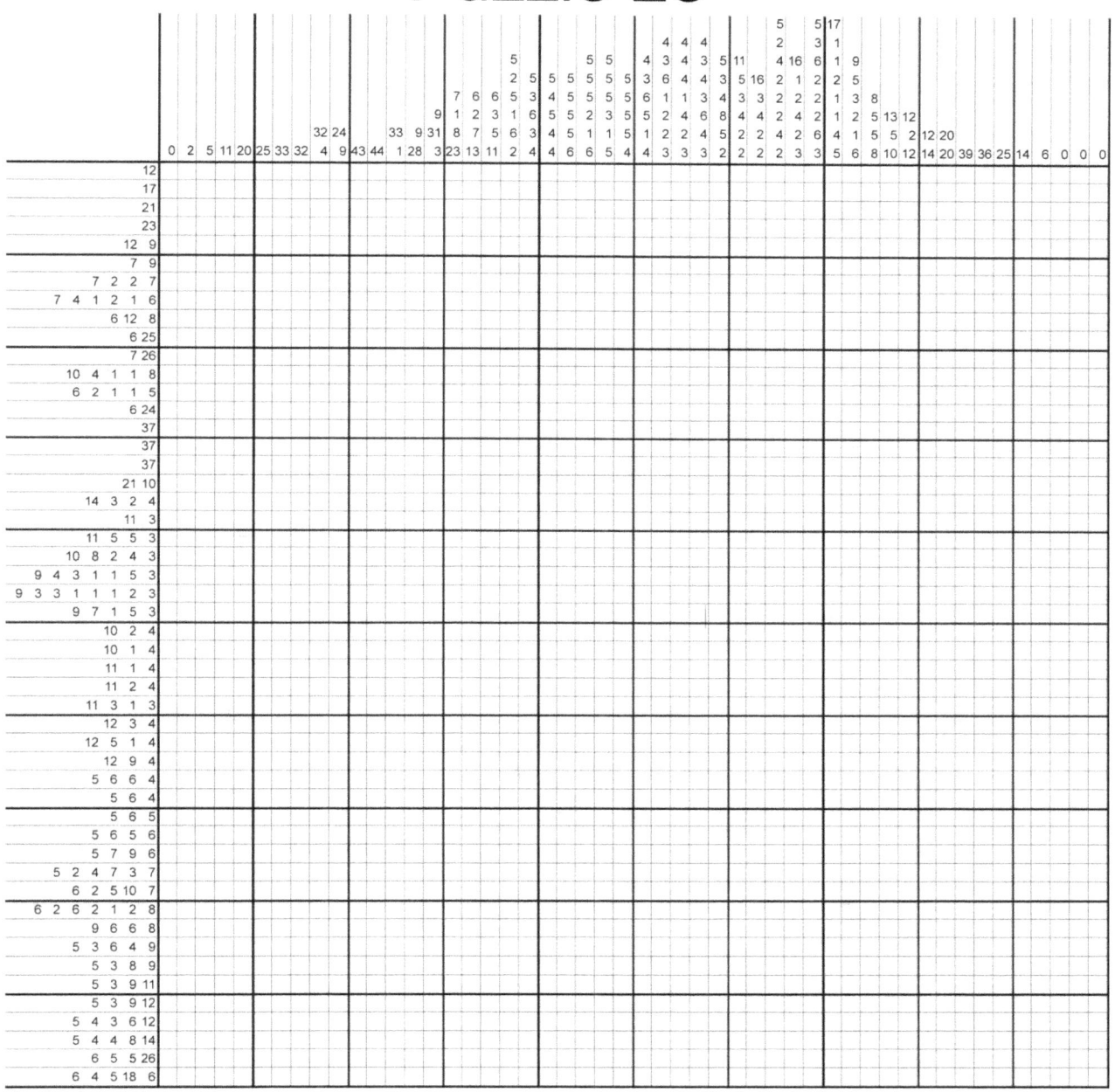

Puzzle 29

Column clues (left to right, each read top to bottom):

Column	Clues
1	4
2	8
3	13
4	16
5	21
6	27
7	30 1
8	27 8
9	31 2
10	32 2
11	45
12	36 2
13	21 2 1
14	9 1 1 1
15	3 2 3 2
16	2 22
17	5 8 17
18	9 1 14
19	8 2 14
20	5 1 3 12
21	3 1 4 4 7
22	2 2 4 3 4 2
23	1 2 3 3 6
24	2 4 3 6
25	1 3 4 6
26	1 2 3 5
27	3 2 3 3 1 3
28	1 3 1 2 2 2 2
29	1 3 5 2 1 3 3
30	1 1 2 1 3 4
31	1 2 1 1 3 4
32	1 2 1 1 2 1 2
33	1 2 2 1 2 3 1 1
34	6 2 1 2 3 3
35	4 1 4 2 2 4 4
36	3 1 4 2 1 7
37	1 1 1 2 3 1 4 2
38	2 1 4 2 4 3
39	4 1 4 5 2
40	5 1 5 7
41	8 5 1 3 2
42	9 2 4 7
43	14 2 1 17 1
44	36
45	28 6
46	27
47	20
48	13
49	6
50	2

Row clues (top to bottom):

Row	Clues
1	5 7 6 5
2	5 6 5
3	6 5 4
4	5 4 5
5	5 5 4
6	6 1 2 3 3
7	6 11 4
8	6 3 3 10
9	7 2 3 3 3
10	6 3 2 4 3
11	10 4 3 2 3
12	6 12 2 4 3
13	6 3 9 1 10
14	7 3 3 2 2 9
15	7 2 4 3
16	7 1 3
17	7 1 4
18	10 1 3
19	8 3 1 2 3
20	8 2 2 6 3
21	8 2 8 4
22	7 2 1 2 4
23	7 2 3
24	7 2 4
25	8 2 4
26	8 3 10 5
27	8 3 4 4 5
28	8 3 1 2 5
29	8 3 2 5
30	9 3 10 6
31	9 3 3 6
32	9 3 7
33	10 3 8
34	10 5 6
35	7 2 7 1 9
36	5 1 2 10 10
37	5 1 14 14
38	7 2 3 17 7
39	7 2 1 5 12 3 3
40	7 1 2 7 17
41	7 2 9 1 10
42	9 2 8 7 7
43	9 1 3 5 3 5 5
44	6 1 1 17 3 1 4
45	8 1 1 14 1 2 1 1 2

Puzzle 30

1	0
2	2
3	4
4	7 3
5	16
6	19
7	2 22
8	17 7
9	20 7
10	25 9
11	19 5 5
12	13 5
13	11 3
14	10 1 3 2 1
15	4 5 1 1 1 7
16	4 4 2 2 4
17	8 1 3 2
18	9 1 3 1
19	9 2 1 2 2
20	9 5 3 1
21	9 4 3 4 1
22	1 5 2 5 4 1
23	1 6 2 2 1 1
24	1 5 1 2 1
25	2 4 1 2 1 2
26	1 4 2 2 1 2
27	3 4 3 5 4 2
28	8 4 1 3 2
29	4 3 4 1 2
30	2 1 4 5 1 2
31	3 4 1 3 3
32	3 4 1 1 1 5
33	3 5 1 1 6
34	11 1 3 5
35	13 1 1 3
36	14 1 1 4
37	4 11 1 3 8
38	27 3 6
39	30 4
40	6 14 3
41	5 15
42	19
43	19
44	20
45	3 1 3 1 1 1
46	1 1
47	0
48	0

Row 1	19
Row 2	8 1 12
Row 3	10 3 9
Row 4	11 1 3 6
Row 5	15 3 6
Row 6	6 20 2
Row 7	31
Row 8	33
Row 9	19 11
Row 10	10 8
Row 11	8 8
Row 12	7 12
Row 13	8 11
Row 14	8 4 5
Row 15	9 3 4
Row 16	8 3 4
Row 17	10 3 3
Row 18	10 2 5
Row 19	9 3 5
Row 20	9 8
Row 21	8 3 8
Row 22	7 5 16
Row 23	6 3 4 8
Row 24	6 3 4 8
Row 25	3 2 9 8 7
Row 26	4 1 1 3 2 1 2 2 7
Row 27	4 1 2 2 2 1 9
Row 28	4 1 7
Row 29	3 1 6
Row 30	2 8
Row 31	2 1 1 4 1
Row 32	2 2 1 4
Row 33	2 2 2 1
Row 34	2 1 2 1 3
Row 35	4 2 2 4
Row 36	4 4 4
Row 37	4 5
Row 38	4 2
Row 39	2 2
Row 40	4 10 2
Row 41	3 12 2
Row 42	4 3 2 2
Row 43	5 3 3 3
Row 44	5 2
Row 45	1 2
Row 46	1 3
Row 47	3 4
Row 48	5 4
Row 49	2 15
Row 50	3 5 2

Puzzle 31

Column clues (left to right, top to bottom):

Column	Clue
1	0
2	0
3	0
4	0
5	0
6	0
7	0
8	5
9	11
10	22
11	30
12	19 13
13	7 1 5 13
14	3 1 2 4 11
15	4 1 2 1 11
16	4 1 1 1 7
17	5 1 2 1 7
18	5 2 2 1 1 5
19	5 3 1 3 2 1 1 5
20	5 6 4 4 2 2 2 6
21	5 4 6 6 3 4 2
22	5 7 4 3 4 1
23	5 3 2 3 1 1
24	6 1 2 1 1
25	6 1 4 1 1
26	5 4 1 4 2 1 1
27	6 9 6 3 1 2 1
28	6 3 5 4 1 3 2 6
29	6 4 1 3 2 1 4 5
30	6 3 1 1 2 7
31	5 2 2 1 1 6
32	5 1 2 1 8
33	5 1 1 1 9
34	4 1 2 1 1 9
35	4 1 2 4 12
36	13 4 1 13
37	32
38	27
39	6 12
40	12
41	3 1
42	0
43	0
44	0
45	0
46	0
47	0
48	0
49	0
50	0

Row clues (top to bottom):

Row	Clue
1	12
2	16
3	18
4	20
5	22
6	6 2 10
7	4 5
8	3 3
9	3 3
10	4 4
11	4 3
12	4 3
13	3 3
14	3 4
15	3 4
16	3 4
17	4 4
18	3 4
19	3 8 7 3
20	5 6 6 4 1
21	5 5 5 5
22	10 4 4 10
23	7 2 1 1 2 2 8
24	7 3 1 1 1 5
25	5 6 2 2 11
26	4 3 2 4
27	5 2 4 5
28	5 2 3 4
29	4 2 2 4
30	4 1 5
31	5 5 3 1 5
32	4 11 4
33	3 3 4 4
34	3 3 3 4
35	4 1 1 4
36	4 2 2 4
37	5 2 1 3
38	4 2 3 1 2 1 4
39	4 4 5 3
40	3 12 4
41	3 2 2 4
42	4 2 2 6
43	4 3 2 4
44	4 2 1 4
45	4 9 5
46	8 8
47	6 6
48	5 6
49	5 5
50	15

Puzzle 32

Column clues (left to right, each read top to bottom):

Column	Clue
1	0
2	0
3	0
4	0
5	0
6	1
7	1 11 10 2
8	26 3
9	28 4
10	44
11	22 17
12	8 7 3 18
13	8 6 4 19
14	7 7 4 2 9
15	8 4 2 1 1 8
16	8 2 1 7
17	8 2 1 4 5
18	8 2 1 10 3
19	8 3 4 5 2
20	8 3 8 5 1
21	8 12 1 1 1
22	3 5 8 2 1 2
23	9 1 2 1 2
24	9 1 1 2
25	9 1 3 2 1
26	9 2 2 1 2 1
27	3 4 4 2 1
28	4 3 4 1 2 4
29	9 4 1 1 2 6
30	8 2 1 2 13
31	8 2 1 2 10
32	8 1 1 12
33	8 2 9 2
34	9 1 9 3
35	9 9 2
36	31
37	25
38	21
39	11
40	0
41	0
42	0
43	0
44	0
45	0
46	0

Row clues (top to bottom):

Row	Clue
1	1
2	13
3	17
4	9 11
5	10 4 7
6	16 7
7	18 8
8	28
9	28
10	9 16
11	7 7
12	5 5
13	5 5
14	5 5
15	5 2 4
16	9 4
17	9 4
18	9 4
19	8 1 4
20	8 2 4
21	8 4
22	6 4
23	5 4 1 4
24	13 1 1 5 4
25	8 5 9 3
26	16 4 2 3
27	5 2 2 6 3
28	4 1 2 3
29	4 3 1 4
30	4 3 4
31	4 3 4
32	7 2 4
33	7 3 4
34	7 4 1 4
35	7 6 1 2 4
36	5 7 7
37	4 1 6
38	4 2 1 3
39	4 3 4 3
40	4 18
41	4 4 2 4
42	5 4 4
43	6 3 4
44	7 1 3
45	7 4
46	8 4
47	9 6
48	11 4 2
49	4 8 3 6 2
50	5 13 3 2

Puzzle 33

Column clues (left to right, top to bottom):

1. 0
2. 0
3. 0
4. 0
5. 1
6. 2
7. 4 2
8. 8 1 3
9. 19 4
10. 24 5
11. 12 7 6
12. 7 4 11 8
13. 7 3 9 9
14. 7 1 1 1 11 10
15. 6 2 2 3 19
16. 7 3 2 3 4 3
17. 1 5 6 1 3 2 2
18. 7 7 1 1 2 4
19. 8 1 5 2 2 2 3
20. 2 5 1 2 3 1 2 3
21. 2 5 1 3 2 3 6
22. 8 1 3 2 2 5 1
23. 8 1 1 3 2 2 8
24. 8 1 5 3 2 2 4 1
25. 3 4 1 5 1 3 2 1 4 2
26. 2 6 1 5 4 2 4 2
27. 2 5 2 4 1 4 2 5 3
28. 1 4 2 1 1 3 5 3
29. 1 2 2 3 2 1 1 1 5 4
30. 1 1 2 3 2 5 2 4 5
31. 2 5 5 9 4 5
32. 8 4 9 4 6
33. 8 3 4 8 6
34. 8 4 1 3 7
35. 10 1 5 8
36. 12 2 9 9
37. 22 11 10
38. 21 11 9
39. 28 10
40. 24 8
41. 19 7
42. 3 5 1 7
43. 6
44. 5
45. 3
46. 2
47. 1
48. 0
49. 0
50. 0

Row clues (top to bottom):

1. 19
2. 4 10 5
3. 9 4 1 6
4. 15 1 9
5. 16 3 8
6. 31
7. 33
8. 7 10 10
9. 5 2 6
10. 5 1 7
11. 5 1 7
12. 5 4 6
13. 5 5 6
14. 4 6
15. 2 6
16. 2 3 7
17. 2 6 7 7
18. 2 1 5 9 5
19. 2 3 4 4 4 5
20. 3 2 6 4 2 6
21. 2 8 3 6 6
22. 2 1 5 6
23. 2 1 1 6
24. 3 2 6
25. 3 4
26. 3 2 1 4
27. 3 2 1 4
28. 8 3 1 5
29. 6 10 1 4
30. 5 22
31. 3 5 2 5 4
32. 4 4 4
33. 8 7 5 4
34. 16 3 3
35. 4 3 4
36. 4 7 8
37. 2 6 5 4
38. 2 1 8 1
39. 1 3 2
40. 2 3 3
41. 3 6 4
42. 6 1 7 6
43. 4 16 7
44. 4 14 9
45. 5 12 12
46. 6 7 15
47. 7 3 11 4
48. 8 1 12 5
49. 10 1 13 5
50. 11 16 6

Puzzle 34

Column clues (left to right, top to bottom within each column):

Column	Clue
1	0
2	0
3	0
4	0
5	0
6	6 1 2
7	17 1 1
8	26 1
9	17 5 1
10	12 4 5 2
11	10 3 5 2
12	11 4 6 2
13	11 5 6 3
14	12 5 8
15	11 3 1 10
16	11 3 1 11
17	10 3 12
18	10 3 12
19	10 2 13
20	10 2 8 5
21	10 8 4
22	9 6 1 5
23	9 3 2 2 3
24	9 3 3 2 3 3
25	10 2 6 2 3
26	10 3 4 3 3
27	10 3 6 4
28	10 3 1 6 3
29	10 1 1 1 5 3
30	10 2 1 1 6 5
31	10 2 1 1 11
32	10 1 2 10
33	11 1 2 11
34	12 12
35	4 13 14
36	14 15
37	15 17
38	34
39	16 1 4 2
40	1 1 4 1 5
41	4
42	4
43	2
44	1
45	0
46	0
47	0
48	0
49	0
50	0

Row clues (top to bottom):

Row	Clue
1	20
2	24
3	26
4	26
5	26
6	27
7	30
8	31
9	33
10	15 16
11	11 7
12	9 7
13	5 6
14	5 6
15	4 6
16	4 6
17	3 6
18	5 5
19	4 5
20	4 4
21	4 3
22	3 3
23	2 2 2
24	1 8 2
25	1 7 5 1
26	1 1 10 10 1
27	3 10 1 2 2
28	1 4 4 1 1
29	1 4 1
30	1 2
31	2 2
32	1 3
33	1 3
34	2 2
35	2 3
36	1 1 3
37	2 7 4
38	3 10 4
39	2 14 5
40	3 7 1 5 6
41	28
42	27
43	10 12
44	13 8
45	7 3 7 1
46	7 1 1 8 2
47	9 1 8 3
48	25 3
49	4 22 4
50	7 21 5

Puzzle 35

					0
					0
					0
					0
					1
					7
				13	1
				21	2
					24
				1	29
				25	10
			1	24	11
			1	25	9
	2	14	3	4	7
		16	3	4	8
		1	13	4	9
		1	12	3	11
			14	4	11
			12	3	19
13	7	3	1	1	4
	13	2	1	2	3
		13	1	2	2
			13	1	2
		13	2	1	2
		13	2	1	2
		13	2	1	2
		13	2	1	2
			13	3	1
			13	3	2
		14	1	1	2
	13	1	1	1	2
			13	2	2
				13	2
			13	2	2
					24
					23
				17	2
				12	4
				9	4
				4	3
					3
					2
					2
					2
					1
					0
					0
					0
					0
					0

			1
		1	1
	5	1	9
			17
		2	21
			25
			25
			26
			29
			31
			32
			32
			34
			34
			34
	10	1	12
	10	1	9
	9	1	7
	7	1	6
	7	1	5
		9	5
		9	6
		8	5
		6	4
		6	3
		9	3
13	1	6	2
	13	6	2
13	1	4	2
2	1	1	1
	3	1	1
		3	2
		2	2
		3	2
		3	1
		3	1
		3	2
		3	3
		5	3
		5	3
		9	1
		17	1
		8	1
		11	2
	7	2	2
		5	2
	5	2	2
	6	3	4
		12	8
		10	9

Puzzle 36

Column	Clues
1	0
2	0
3	0
4	8
5	14
6	18 4
7	21 5
8	15 1 5 1 5
9	19 6 2 2
10	19 14 2
11	10 10 12 2
12	3 13 13 1
13	10 11
14	8 1 6
15	9
16	9 2 2
17	2 6 5 1
18	1 1 4 4 1 8
19	1 6 6 3 6
20	3 4 5 1 3 4
21	2 1 4 4 2 3 5
22	4 4 3 5 4
23	5 3 2 3 4
24	3 5 1 3 1 4
25	4 5 1 5 1 3
26	4 4 8 4 3
27	10 4 4 5 4
28	6 4 3 1 1 4 5
29	5 6 3 2 3 5
30	7 4 4 3 5
31	6 3 5 8
32	11 2 2 1 1
33	4 5 2 1 1
34	3 5 1
35	12 2 1
36	21 1 3
37	22 12 3
38	24 16
39	4 14 2 4 1 4
40	5 9 3 7 3
41	1 5 4 6 9 1
42	15 14 1
43	1 19 1 5
44	2 21 4
45	1 15 5 2
46	1 1 7 15
47	2 7 10 1
48	2 2 6
49	1
50	1

Row	Clues
1	10
2	14
3	21
4	3 1 2 13
5	3 1 3 12
6	5 1 2 3 4
7	6 1 2 2 1 2 2 4
8	19 2 5
9	24 6
10	3 21 7
11	12 3 6 6 3 1
12	8 2 4 3 4
13	6 4 4
14	7 6 4
15	7 1 4 6
16	6 1 10
17	6 1 5 4
18	5 1 1 5 5
19	7 6 6
20	7 6 6
21	8 2 3 12
22	8 4 6 13
23	8 5 5 14
24	7 8 7 11
25	7 13 4 3 4 2
26	8 4 2 1 2 4 1
27	4 3 4 1 1 2 1 4
28	6 1 2 1 8
29	4 1 2 1 8
30	4 1 1 2 8 2
31	4 4 1 3 3 7
32	4 4 2 3 2 4
33	9 1 2 2 1 5
34	9 1 3 2 3 6
35	8 7 6 4 1
36	6 13 8 3
37	1 4 14 7 3
38	2 4 4 1 4 9 1 1
39	3 5 1 1 2 8
40	2 5 2 2 2 10
41	9 2 2 1 4
42	8 2 3 1 5 1
43	1 2 4 5 4 1
44	7 6 5 5
45	4 12 2
46	10
47	8
48	0
49	0
50	0

Puzzle 37

Column clues (left to right, top to bottom):

Column	Clue
1	2
2	3
3	4
4	4
5	5
6	8 5
7	13 4 6
8	21 7
9	24 7
10	14 11 8
11	2 4 1 15 8
12	5 10 11
13	3 1 22
14	3 19
15	3 18
16	4 3 3 13
17	14 2 12
18	15 3 8
19	1 3 4 1 3 8
20	2 1 1 7
21	1 1 1 1 6
22	2 2 1 2 6
23	3 1 2 2 5
24	4 1 1 2 5
25	5 2 1 4
26	3 1 1 4
27	3 1 1 5
28	3 2 5
29	3 2 1 3 2
30	1 1 8
31	1 1 2 3
32	5 3
33	3
34	3 3
35	2 5 6 1 4
36	16 14
37	32
38	12 1 14
39	9 1 3 15
40	4 2 13
41	8 11
42	6 1
43	6
44	5
45	6 1
46	8
47	4 2
48	6
49	6
50	7

Row clues (top to bottom):

Row	Clue
1	4 3
2	5 4
3	4 3
4	4 3
5	5 3
6	6 4
7	6 5
8	6 5
9	6 5
10	5 5
11	6 5
12	5 4
13	4 5
14	4 2 2
15	2 9 2 2
16	3 1 1 9 2 2
17	13 10 1 1 1
18	12 2 1 1
19	13 3 1 1
20	5 3 2 1
21	6 3 2 1
22	3 2 6
23	3 2 3 2
24	3 2 1 3 1
25	3 2 1 4
26	3 2 4
27	4 3 3 4
28	3 7 5
29	3 5 1 3
30	4 4 1 5
31	5 1 3
32	5 1 3 1 4
33	15 2 1 2 1
34	7 1 1 2
35	3 2 3 2 2
36	4 6 2 1 3
37	6 1 3 1 2 3
38	6 4 4
39	6 4 5
40	8 3 7
41	10 2 10
42	13 4 12
43	23 12
44	24 12
45	27 3 2 3
46	28 3 5
47	24 3 2 2
48	10 5 4 4 2 1

Puzzle 38

Column	Clues
1	0
2	0
3	0
4	0
5	0
6	6
7	33
8	10 6 8 12
9	9 3 1 4 1 5
10	8 1 4 1 4
11	3 3 2 3 11
12	3 3 2 2 4 7
13	7 3 1 1 4 5
14	1 1 2 2 1 4 1 5
15	1 3 4 4
16	4 3 1 3
17	4 1 5 1 2 4
18	4 8 5 2 3
19	4 6 1 8 3
20	4 3 5 3 3
21	4 2 2 2 4 5
22	5 2 1 3 5
23	4 2 1 3 1 3
24	5 1 2 3 5
25	5 1 2 5 6
26	5 1 3 7
27	5 2 3 6
28	6 2 3 5
29	1 3 3 1 6
30	5 4 5
31	1 3 1 6 1
32	2 2 1 9
33	4 13
34	13 14 3
35	14 15 4
36	13 22 4
37	25 15
38	21 1 1 12
39	19 2 2 1
40	17 1 2 2 2 2 1
41	14 2 6 5
42	2 4 10 4
43	8 3
44	3 1
45	0
46	0
47	0
48	0
49	0
50	0

Row	Clues
1	8 1 2
2	6 1 2 5 4
3	8 10 1 5
4	5 2 16 7
5	8 26
6	35
7	13 3 8
8	5 8
9	3 8
10	2 8
11	1 9
12	2 9
13	3 8
14	3 7
15	3 6
16	2 6
17	2 6
18	1 1 6
19	2 3 12 5
20	8 5 3 6
21	2 2 3 3 7
22	2 3 2 8 1 4 2
23	8 2 1 6 3 4
24	5 2 3 2 5
25	4 1 2 3
26	3 3 2 2 2
27	1 1 1 5
28	2 3 2 3
29	2 2 2 5
30	2 3 3 5
31	2 1 5 3 1
32	2 7 4 1 2
33	2 6 6 2
34	2 10 6
35	3 5 8 6
36	1 3 6 6
37	7 1 5 7
38	2 1 1 8
39	2 1 1 8
40	4 3 2 10
41	4 2 13
42	3 11 2
43	4 12 2
44	4 2 7 2 2
45	5 1 9 1 3 1
46	16 1 3 2
47	13 3 2
48	9 3 3
49	2 3
50	1 5

Puzzle 39

Column	Clues
1	3
2	3
3	4
4	5
5	5
6	6
7	5
8	5
9	4
10	1 3 2
11	1 7 1 1 1
12	1 20 2
13	1 24 5
14	18 8 12
15	15 19
16	12 1 17
17	10 1 1 1 16
18	9 1 1 1 3 12
19	9 1 1 1 3 7 1
20	7 2 1 1 2 7
21	8 1 4 2 7
22	1 6 4 3 6
23	8 4 5 1 8
24	7 1 1 3 1 2 9
25	6 1 1 2 9
26	6 1 1 7
27	7 3 1 3 5 1
28	9 4 1 3 6 1
29	7 3 3 8
30	11 6 1 2 10
31	1 8 1 2 2 3 12
32	2 8 1 1 1 14
33	1 8 1 1 15
34	12 1 16
35	3 7 1 4 1 5
36	14 6 2
37	27 2
38	25 3
39	19 2 5
40	14 4
41	2 9 4
42	2 1 2 3
43	3
44	2
45	2
46	1
47	1
48	0
49	0
50	0

Row	Clues
1	1 1
2	4
3	3 1 1 1
4	5 2 2 6
5	21
6	21
7	23
8	25
9	26
10	27
11	8 13
12	8 7 1
13	8 9
14	5 8
15	5 5
16	6 6
17	5 7
18	5 1 6
19	6 6
20	5 7
21	5 7 1 7
22	4 1 5 8 5
23	3 3 4 1 5
24	4 8 5 5
25	2 1 4 3
26	3 1 3
27	2 4 3
28	3 3 2
29	3 1 3
30	3 3
31	2 2 3 3
32	3 2 4 3
33	3 7 4 1 2
34	3 6 5 3
35	4 3 5 3
36	3 4
37	4 4
38	4 3 3
39	5 2 4
40	5 5
41	8 2 5
42	11 3 7
43	2 22
44	3 22
45	4 25
46	6 26
47	6 22 4
48	8 5 7 7 7
49	7 4 13 7
50	6 5 5 5 3

Puzzle 40

Column	Clue
1	0
2	0
3	0
4	0
5	0
6	0
7	0
8	0
9	7 3
10	27 1
11	8 2 1 8 3
12	5 2 3 8
13	6 2 4 8
14	6 5 1 3 3 1
15	7 6 1 4 1
16	8 5 1 4 2
17	7 5 14
18	8 5 2 1 3 7
19	8 2 2 4 4
20	7 2 4 4
21	4 2 4 4
22	2 1 1 2 5 4
23	1 6 4 5 4 3
24	8 4 3 4 3
25	9 6 3 2
26	4 2 4 1 2 2
27	1 1 4 2 4 1 2
28	2 5 2 4 3
29	3 5 1 4 2
30	11 1 4 2 2
31	11 2 3 3 3
32	11 2 1 3 2
33	11 1 4 5 1
34	12 3 12
35	13 4 15
36	16 9 8
37	28 3
38	21 1 3 1
39	18 5 1 2
40	10 2 2 3 1
41	6
42	0
43	0
44	0
45	0
46	0
47	0
48	0
49	0
50	0

Row	Clue
1	0
2	3 6
3	5 3 5
4	6 4 6
5	7 4 7
6	7 3 8
7	8 3 11
8	8 3 12
9	9 18
10	9 17
11	6 13
12	4 11
13	3 10
14	2 8
15	2 7
16	2 6
17	2 6
18	1 5
19	1 5
20	1 3 9 5
21	9 6 2 4
22	2 5 4 3
23	1 7 9 4
24	10 3 6 5
25	1 2 5 7 3 1
26	2 3 4 3 1
27	2 2 1
28	3 1 1
29	3 1 1
30	4 2 2 1
31	4 2 5 1
32	5 1 3 8
33	4 7 8 1
34	5 3 1 4 2 1
35	5 1 1 1
36	1 3 2 3
37	1 2 13 2 1 1
38	3 2 1 8 3 3
39	1 1 3 9 3
40	3 11 3
41	4 1 5
42	3 6
43	2 4 4
44	2 3 3
45	12 3
46	10 3
47	8 4
48	6 5
49	3 5 1
50	5 2 2

Puzzle 41

Column	Clues
1	1 1 3 4 8
2	11 5 2 9
3	25 4 1
4	26 1 2
5	16 7 3 4
6	6 11 1 3 6
7	11 8 2 3 1 1
8	9 10 3 1 3 1
9	9 4 9 3 4 3 2
10	11 27 2
11	11 1 7 1 19 1 1
12	8 8 19
13	7 9 1 11
14	16 1 6 1
15	11 1 3 4
16	10 1 3 4
17	7 1 4 2
18	5 2 4 2 1
19	5 1 3 4 2
20	4 5 2 4 1
21	4 6 5 5 2
22	4 5 6 2 1 2
23	4 2 4 3 2 1 2
24	4 1 4 2
25	4 1 2 1 3
26	3 4 2 3 1 4
27	11 5 5
28	2 3 6 4 4
29	3 6 2 3 1
30	3 5 2 2
31	4 6 2
32	5 1 4 5
33	6 1 4 9
34	8 1 3 10
35	12 1 3 12
36	15 14
37	17 18
38	22 17 1
39	41
40	11 21 3
41	7 2 12 2 4
42	7 1 15 5 4
43	7 4 3 7 5 3
44	7 30
45	7 6 9 10
46	6 2 3 3 7
47	2 5 3 2 1 5
48	15 4 3

Row	Clues
1	16 9
2	16 10
3	17 10
4	17 8
5	11 8
6	10 7
7	11 7
8	6 3 8
9	6 4 7
10	7 4 8
11	8 3 9
12	7 2 9
13	6 1 3 9
14	7 4 10
15	3 1 1 7 5 4
16	6 1 3 4 4 5
17	6 1 3 3 7 5 4
18	5 1 2 6 3 3 2 4
19	6 1 2 8 4 3 4
20	7 3 10 6 4 2 1
21	7 2 4 3 9 5 1 3
22	10 3 5 7 2
23	11 1 3 8 2
24	9 1 11
25	9 1 2 10
26	3 6 2 3 4 2 1
27	2 4 3 3 4 3 1
28	2 3 3 3 8 1
29	3 3 3 3 7 3
30	3 3 4 3 7 2
31	4 2 3 3 5 2 2
32	4 1 3 4 4 4 1
33	6 4 4 4 1
34	5 5 4 4 1
35	5 7 3 3 4 4
36	1 2 3 3 13 4 3
37	2 2 3 13 5 4
38	2 2 3 3 1 3 5 5
39	1 1 4 7 6 1 5
40	1 1 6 5 4 1
41	1 2 6 6 5 1
42	2 6 7 4 1
43	3 6 7 4
44	3 8 10 5
45	2 1 11 12 3
46	2 1 9 5 5 6 3 5
47	3 2 2 2 1 8 7 2 5
48	2 4 4 5 6 8
49	2 3 2 2 4 5 6
50	2 6 4 1 4 5

Puzzle 42

Column clues (left to right, each read top to bottom):

Column	Clue
1	0
2	0
3	1
4	1
5	1
6	8 4 1
7	13 5 1
8	26 1
9	29 1
10	15 11 2
11	6 2 3 20
12	5 1 2 15
13	5 4 13
14	1 4 4 8
15	1 4 1 4 5
16	1 4 2 3 4
17	6 2 3 2 3
18	6 2 2 2 2
19	6 3 2 2 1 2 2
20	6 3 5 3 3 1 2
21	3 10 4 2 2 2
22	4 3 2 3 2
23	1 5 3 2 3 2
24	6 3 2 2 2
25	7 3 3 3 1 2 2
26	5 2 3 4 3 2 2 2
27	7 6 2 3 2 3
28	7 2 2 2 3
29	5 2 2 2 3
30	1 4 2 3 2 4
31	6 1 4 1 5
32	6 1 2 1 6
33	6 2 4 8
34	5 2 3 13
35	5 2 2 18
36	6 2 14 3
37	7 7 12 3
38	30 2
39	27 1
40	12 5 1 1
41	2 4 1
42	1
43	1
44	1
45	1
46	0
47	0
48	0
49	0
50	0

Row clues (top to bottom):

Row	Clue
1	4
2	2 5
3	1 4 6 3
4	1 6 8 3
5	23
6	15 10
7	14 14
8	6 4 14
9	5 7
10	4 5
11	4 4
12	4 4
13	4 4
14	6 4
15	6 5
16	5 4
17	5 4
18	5 5 8 4
19	5 1 6 6 3 4
20	6 3 3 6
21	6 2 2 7 5
22	3 1 7 1 8 3
23	3 6 1 1 1 6 3
24	3 5 1 1 3 2
25	1 2 3 1 2 2 1
26	4 2 2 4
27	4 2 3 4
28	4 3 3 5
29	4 2 1 4
30	4 1 4
31	4 3
32	4 2 3 5
33	4 9 5
34	4 8 5
35	3 4 4
36	4 4
37	3 4
38	4 8 6 4
39	4 14 4
40	3 1 3
41	3 3
42	3 7 3
43	4 6 4
44	4 2 4
45	4 5
46	5 5
47	6 6
48	7 11
49	29
50	31 11

Puzzle 43

Column clues (top to bottom):

Column	Clue
1	0
2	0
3	0
4	1
5	2
6	4
7	4
8	5 4
9	13
10	20
11	25
12	25
13	6 16 2
14	8 6 5 3
15	9 5 4 6
16	11 10 9
17	11 11 14
18	13 7 15 3
19	12 3 21
20	12 5 3 16
21	11 3 4 15
22	5 7 1 5 10 2
23	3 1 4 1 3 1 4 6
24	1 1 3 1 5 3 4
25	1 1 3 5 1 1 3 2
26	2 1 3 5 3 2 1
27	4 3 4 3 4 2
28	8 3 3 2 2 1 2
29	7 1 2 1 2
30	7 1 2 1 2
31	8 9 4 2
32	8 2 4 4 3
33	4 3 4 2 2 2
34	2 5 3 7
35	2 2 6 2 7
36	3 3 7 4 6
37	4 4 5 1 2 9
38	5 5 1 4 8 4
39	6 4 2 2 3 13
40	14 5 18
41	15 27
42	20 24
43	10 32
44	6 15 3 11
45	5 10 1 7
46	9 6 14
47	24 6
48	7 3
49	7
50	7

Row clues (left to right):

Row	Clue
1	16
2	4 15
3	5 7 7
4	5 11 7
5	6 5 1 6
6	5 8 5
7	5 10 5
8	6 4 8 5
9	11 9
10	10 9
11	9 9
12	8 8
13	6 1 6
14	5 2 4 2
15	4 1 5 2
16	4 6 3 2
17	4 1 2 9 2
18	3 9 5 2 6
19	3 9 6 1 6
20	3 11 9 6
21	3 2 2 1 3 3 13
22	3 2 4 1 1 2 2 7
23	4 3 1 3 1 3 1
24	4 3 1 1 7
25	3 4 1 1 7
26	2 4 2 2 7
27	2 4 1 1 2 7
28	11 2 2 4 2
29	11 5 4 3
30	5 5 5 2
31	5 4 5 2
32	7 3 7 4 2
33	4 1 4 9 5 2
34	4 1 5 2 3 6 3
35	7 6 6 7 3
36	6 7 7 2
37	6 8 9 2
38	7 9 3 7 2
39	7 11 16
40	6 7 10 9 1
41	6 7 6 2 14
42	7 9 18
43	1 5 3 5 5 12
44	7 3 6 14 2
45	7 8 2 13 2
46	2 18 13 2
47	3 4 14 4 3 3 2

Puzzle 44

Column clues (left to right, top to bottom):

Column	Clue
1	6
2	6
3	6
4	6
5	7
6	7
7	6
8	6 1
9	5 1
10	4 2 6 1
11	10 6 2
12	21 6 1
13	24 6 2
14	28 11
15	31 9
16	7 2 2 23
17	4 1 2 20
18	2 1 1 1 18
19	1 1 2 12 3
20	4 4 1 11 1
21	4 1 13 11
22	1 22 13
23	11 4 6 5
24	4 2 2 6 3
25	1 2 1 6 2
26	2 1 6 3
27	1 4 2 2 6 4
28	1 1 2 3 2 6 2
29	1 6 2 1 5
30	2 3 2 4
31	3 3 1 2 5
32	3 1 2 5 1
33	4 1 2 1 4 5
34	4 5 2 1 6 6
35	11 1 10 6 8
36	31 10
37	40
38	17 8 2
39	2 2 2 1 10
40	1 1 2 9
41	9
42	8
43	7
44	7
45	6
46	6
47	5
48	5
49	4
50	4

Row clues (top to bottom):

Row	Clue
1	3 1 1 7
2	4 5
3	4 5
4	5 4
5	4 3
6	4 2
7	4 3
8	4 2 3
9	4 3 11
10	12 1 3 4
11	5 5 3 8
12	4 8 3 7
13	6 3 1 5
14	5 3 3
15	4 2 3
16	4 3 4
17	4 2 4
18	6 8 6
19	6 8 4
20	6 3 1 6
21	6 2 6
22	5 2 5
23	6 3 5
24	6 4 7
25	5 13 4 1
26	6 5 4 4
27	6 3 1 5
28	5 4 1 1 2
29	4 2 3
30	4 2 4
31	4 5
32	4 4
33	4 5
34	5 6
35	7 4 1
36	18 1
37	18 1
38	19 2
39	18 4
40	19 6
41	21 8
42	18 10
43	22 13
44	23 16
45	18 4 1 18
46	8 1 1 4 7 5 12
47	7 1 2 4 7 4 13
48	6 7 5 1 2 5 13

Puzzle 45

Columns (top to bottom, left to right):

Column	Clue
1	0
2	0
3	0
4	0
5	2
6	6
7	4 10 1
8	28 1
9	18 6 1
10	17 3 1
11	8 1 8 3
12	7 2 2 15 3
13	6 2 8 21
14	5 3 2 2 5 9
15	5 2 1 4 14
16	5 2 1 2 8
17	6 5 2 3 3 4
18	6 2 6 4 4 4
19	6 1 6 7 6 5
20	4 2 9 8 1 6
21	7 15 2 1 6
22	3 2 2 3 2 2 1 3
23	3 2 2 1 1 2
24	3 2 2 2 1 1 2
25	4 2 1 2 2 2
26	3 2 1 1 1 1 1 2
27	1 1 1 6 2 1 1 1
28	2 3 7 2 1 3
29	3 3 8 2 1 4
30	6 4 2 1 2
31	6 1 2 2
32	5 1 1 3
33	6 1 2 3
34	7 2 1 1 2
35	8 6
36	9 13
37	4 4 7 6
38	12 2 4
39	19 5 1 3
40	15 5 2 2
41	2 1 4 1
42	1 6 1
43	4 1
44	0
45	0
46	0
47	0
48	0
49	0
50	0

Rows (left to right, top to bottom):

Row	Clue
1	10
2	10 4
3	12 3
4	8 1 1 5
5	8 1 1 8
6	26
7	15 10
8	5 7
9	5 7
10	6 6
11	5 2 2
12	4 6
13	4 5
14	3 5
15	3 1 4
16	3 1 2 3
17	4 2 1 3
18	4 2 1 3
19	4 3
20	4 1 1 2
21	3 5 1 4 4 2
22	3 8 4 1 2
23	3 2 6 6 2
24	3 1 8 7 2
25	2 3 5 4 2 4
26	4 4 5 3 3 1
27	3 1 5 2 1 2
28	4 1 3 1 3
29	4 2 3 2
30	3 2 2 3 2 1
31	3 4 4 1 2 1
32	3 4 3 1 2 4
33	3 4 6 2 3
34	3 3 11 2 3
35	3 4 3 2 1 1 1
36	6 2 1 1
37	6 1 3 5
38	4 1 2 4
39	3 1 5 6 4
40	3 1 9 3
41	3 1 3 3
42	15 2
43	5 2 3
44	5 2 1
45	4 2 2 2
46	5 3 3 2
47	9 4 3
48	12 3 4
49	19 5
50	9 9 2 7

Puzzle 46

Column clues (left to right, top to bottom):

Column	Clue
1	0
2	0
3	0
4	0
5	0
6	0
7	1
8	5 1
9	26 2
10	29 1
11	11 6 10 3
12	10 1 7 2 3
13	10 1 18
14	5 1 2 2 16
15	11 4 9
16	7 4 2 5
17	11 3 1 2
18	6 4 3 3 1
19	7 3 4 3 2
20	4 5 3 4 2
21	3 1 5 5 2
22	4 2 2 1 1 2
23	12 2 1 2 2
24	12 6 5 2 3
25	11 15 2 3
26	4 2 15 1 3
27	5 4 2 8 2 3
28	7 2 3 1 4 3
29	11 3 2 4
30	10 3 1 4
31	10 4 1 5
32	9 1 2 6
33	8 2 16
34	8 2 19
35	10 6 3 21
36	27 3
37	24 3
38	21 2
39	8 1
40	1 2
41	1
42	1
43	0
44	0
45	0
46	0
47	0
48	0
49	0
50	0

Row clues (top to bottom):

Row	Clue
1	1
2	15
3	20
4	22
5	11 12
6	10 1 3 9
7	9 2 3 8
8	5 3 3 3 9
9	7 2 2 3 1 8
10	5 1 5 5 9
11	7 21
12	7 3 5 12
13	3 2 5
14	3 4
15	2 4
16	2 3
17	2 4
18	3 4
19	3 4
20	3 4
21	3 4
22	3 4
23	3 4
24	3 3 12
25	13 7 8
26	4 6 9 5
27	4 6 3 2 4
28	4 1 3 4
29	3 3 5
30	4 3 5
31	4 3 5
32	5 3 6
33	4 3 5
34	4 4 4
35	3 3 3
36	3 1 5 3
37	2 14 3
38	2 14 3
39	4 4 5 3
40	3 5 3
41	4 1 4
42	5 6 5
43	4 3 5
44	4 6
45	5 7
46	7 9
47	5 12 5
48	6 10 7
49	3 4 3 5 3
50	3

Puzzle 47

Column clues (top to bottom, columns left to right):

Column	Clue
1	7 3 3 19
2	6 4 3 11
3	6 3 4 9
4	5 3 4 1 8 4
5	5 3 3 12 5
6	5 4 2 1 9 4
7	5 4 3 7 4
8	5 4 2 4 3 3
9	6 7 5 8 4 4
10	5 5 4 8 3 3
11	4 2 5 4 3
12	4 3 4 1 3
13	3 2 3 2 4
14	3 5 2 3 2 4
15	3 5 4 4 3 5
16	3 8 2 4 4 2 5
17	3 4 1 1 1 2 4 1 5
18	3 4 2 1 2 4 1 5
19	2 4 4 4 4 1 5
20	2 4 3 3 3 5
21	3 3 1 1 4 2 5
22	3 3 3 3 1 5
23	3 3 4 2 2 2 1
24	2 3 4 3 2 3 2
25	1 3 4 6 7
26	2 4 2 7 8
27	2 3 2 6 9
28	2 2 1 4 5 2
29	3 3 8
30	5 3 7
31	8 9
32	9 1 6
33	10 5 5
34	13 6 3
35	18 4 1
36	19 1 2
37	20 7 3 3
38	18 1 1 19
39	16 19
40	14 20
41	13 17
42	16 14
43	31
44	27
45	23
46	14
47	0
48	0
49	0
50	0

Row clues (left to right, rows top to bottom):

Row	Clue
1	39
2	24 14
3	18 3 12
4	12 11
5	10 13
6	3 1 12
7	1 1 12
8	1 12 12
9	15 11
10	4 1 15 10
11	10 7 10
12	10 3 10
13	10 2 7 11
14	2 2 1 2 6 11
15	2 2 5 7 11
16	5 1 2 1 3 11
17	5 1 1 4 5
18	6 2 4 5
19	4 2 2 5
20	2 1 2 5
21	1 2 4
22	1 4
23	1 2 1 4
24	4 4 2 1 4
25	9 1 5 4
26	13 3 2 4
27	4 8 2 1 4
28	1 3 6 2 1 4
29	1 3 5 1 1 4
30	1 4 3 4
31	1 4 5 2 1 7
32	1 5 11 3 9
33	1 3 19 9
34	1 16 5 8
35	1 9 3 8
36	1 6 2 3 8
37	2 3 7 4 7
38	2 3 4 5 7
39	6 3 2 7
40	5 4 6
41	5 6 6
42	5 7 5
43	3 1 8 5
44	3 8 5
45	5 9 4
46	7 17 4
47	8 15 2 4
48	19 5 4
49	18 5 5
50	19 6

Puzzle 48

0	
0	
1	
1	
2	
2	
2	
2	
3	
2 3	
11 2 2 3	
23 2	
10 1 1 2 4	
9 13 5	
12 3 1 16 3	
8 1 4 3 16	
6 2 1 2 1 1 13	
6 3 1 4 4 12	
6 1 1 2 2 1 2 7	
6 1 1 2 3 1 2 1 2 5	
7 1 2 1 4 1 1 3	
7 5 1 6 5 3	
8 6 3 1 1 4 4	
8 3 2 1 4 4	
8 1 1 1 1 3	
8 4 2 1 1 1 3	
7 1 5 3 1 1 3	
7 2 5 4 1 2 1 3	
7 2 1 4 2 2 1 2 1 4	
8 1 2 2 1 4 1 2 4	
7 1 1 2 1 1 4 1 4	
7 2 4 1 3 6	
7 3 4 9 8	
7 5 3 12 6	
9 17 4	
10 3 13	
11 2 3 2	
13 1 1	
16 3 3	
16 4 3	
2 9 3	
2	
2	
1	
1	
1	
0	
0	
0	
0	

0	
4	
10	
13	
16	
20	
21	
22	
23	
6 9	
5 7	
4 6	
5 5	
4 6	
5 5	
4 1 1 5 5	
4 4 2 5	
8 1 4	
3 1 6 4	
3 6 1 3 3	
3 2 2 3	
3 1 1 3 1 4	
3 1 5 5 2 3	
2 9 9 2	
3 2 2 3 4 5 2	
2 3 2 4 5 3	
2 2 1 2 1 2 2	
2 2 2 2	
1 2 2 1 1 2	
2 2 1 1 1 1 1	
2 2 4 4 1 2 1	
1 2 9 4 3	
2 3 4 3 3 3	
12 8 5	
5 2 1 8 1	
5 18	
7 2 4	
4 4	
5 4 2 2 4	
4 1 2 4	
5 3 2 3	
6 5 2 1 1	
3 1 3 3 1 1	
4 2 1 1	
4 5	
7 5	
9 2 9	
27 5	
7 2 17 5	
9 2 17 8	

Puzzle 49

Column clues (left to right, top to bottom):

Column	Clue
1	4
2	5
3	7
4	7
5	7
6	8
7	8
8	9
9	9
10	10 9
11	2 5 5 10
12	16 1 10
13	9 1 3 10 11
14	16 16 5
15	17 2 13
16	11 1 2 12
17	11 2 2 4 7
18	7 2 2 2 4 7
19	7 1 2 1 2 4 7
20	6 2 5 6 1 6
21	6 9 6 2 6
22	5 7 1 1 1 1 6
23	4 2 1 2 7
24	3 2 2 2 1 1 2 7
25	3 2 3 1 4 2 7
26	4 1 2 5 1 1 3 1 6
27	6 2 5 1 1 1 6
28	4 1 3 2 2 1 1 5
29	4 8 1 3 4
30	3 1 4 2 2 3 5
31	3 1 1 1 3 4 5
32	3 2 1 2 2 5
33	3 2 3 13
34	6 1 12
35	6 1 1 8 5
36	5 6 3
37	5 3 2 2 6
38	6 6 12
39	11 11
40	1 11
41	9
42	9
43	8
44	8
45	5
46	3
47	2
48	1
49	0
50	0

Row clues (top to bottom):

Row	Clue
1	0
2	0
3	7
4	11
5	15
6	8 7
7	8 7
8	8 2 3
9	8 2
10	7 1 2
11	7 4
12	6 4
13	6 3
14	8 5 2
15	8 4 3
16	6 2
17	4 1
18	1 5 6 1
19	5 5 6 1 1 3
20	3 2 4 7 2 2
21	9 2 3 5 2
22	10 2 5 2
23	6 3 3 2
24	1 1 3 1 1 2
25	4 4 3 1
26	6 4 1 1 3
27	2 3 2 1 1 1 2
28	2 2 3 1 3
29	2 3 8 2 1 3
30	4 2 2 1 3 2
31	4 3 1 5 1
32	10 7 4 1
33	9 2 2 5
34	19 2 1
35	5 1 2 1
36	3 1 6
37	4 7 6
38	5 3 5
39	6 4 2
40	7 5 3
41	10 5 3
42	6 18 5
43	8 16 7
44	11 14 7
45	11 12 8
46	13 9 9
47	14 7 9
48	14 3 11
49	14 12
50	14 13

Puzzle 50

Column clues (left to right, each read top to bottom):

Column	Clue
1	0
2	0
3	4
4	4
5	5
6	6 5
7	1 9 7
8	11 1 6 1
9	15 5 2
10	16 1 2 6
11	19 13
12	14 12 2 5
13	9 1 3 18
14	6 14 7
15	5 2 5 14 8
16	17 10 6 3
17	2 2 6 5 1 10 3
18	2 2 5 6 7 3
19	1 3 3 4 12
20	5 3 2 10
21	1 6 3 3 5 1
22	9 13 4
23	8 6 3
24	8 2 2 1 1
25	9 3 3 2 1 2
26	3 5 4 1 3 2
27	3 2 1 1 5 2 1
28	3 3 1 3 1 1
29	5 3 1 3 1 2
30	4 3 3 1 2
31	5 3 2 2
32	7 3 2 3 8
33	8 4 4 14
34	9 14 1 13
35	29 4 5
36	33 5
37	15 25
38	10 25
39	8 9 5 9
40	8 22 2
41	12 15 1
42	14 3 12
43	10 18
44	29
45	1 4 1 13
46	2 8
47	7
48	3
49	1
50	1

Row clues (top to bottom, each read left to right):

Row	Clue
1	0
2	0
3	8
4	12
5	3 11
6	2 6 5
7	2 9 6
8	2 10 5
9	5 6 5
10	4 8 6
11	3 4 2 6
12	8 1 6
13	3 4 1 6
14	3 3 2 5
15	7 2 6
16	3 4 3 5
17	3 2 2 6
18	3 1 6 7
19	4 5 3 10
20	4 7 18
21	4 8 7 11
22	4 5 2 5 5 6
23	5 4 1 4 5
24	6 1 1 4 5
25	5 1 1 3 4
26	7 1 1 13
27	5 2 1 1 12
28	6 4 1 3 14
29	11 4 2 14
30	12 3 12
31	7 3 8 7 1 2
32	11 7 6 1 1
33	11 2 1 7 3
34	1 9 3 1 7 2
35	2 7 7 6
36	8 14
37	10 6 9
38	5 14 2 6 3
39	5 8 2 14
40	4 8 15
41	1 1 8 7 6
42	8 2 4 9
43	11 2 3 10
44	3 1 4 2 3 11
45	10 5 16
46	16 16
47	17 16
48	6 7 5 8
49	5 5 6 7
50	3 4 14

Puzzle 01 ***Elvis Presley***

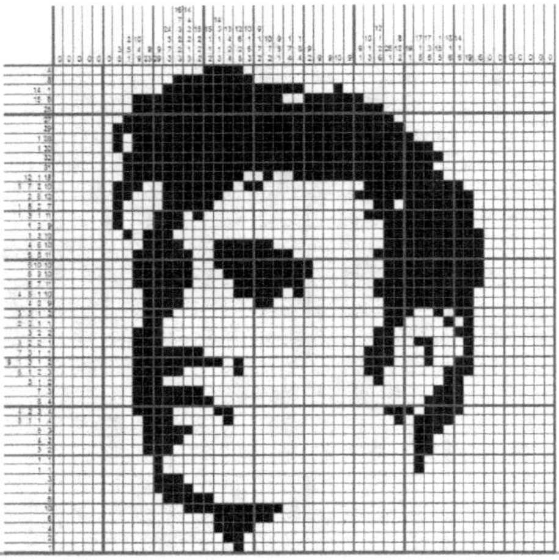

Puzzle 02 ***Hugh Laurie***

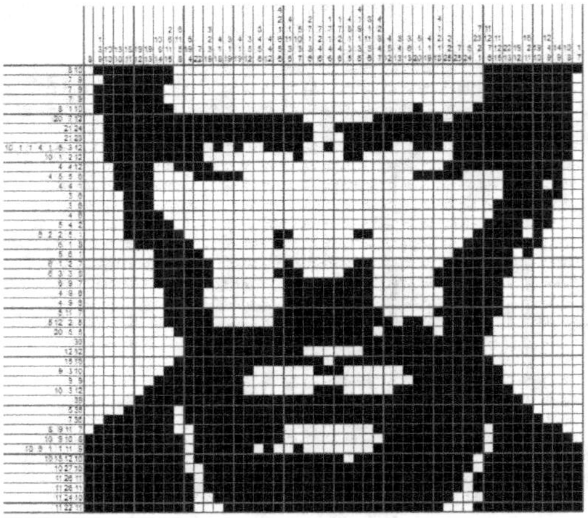

Puzzle 03 ***Zack Galifianakis***

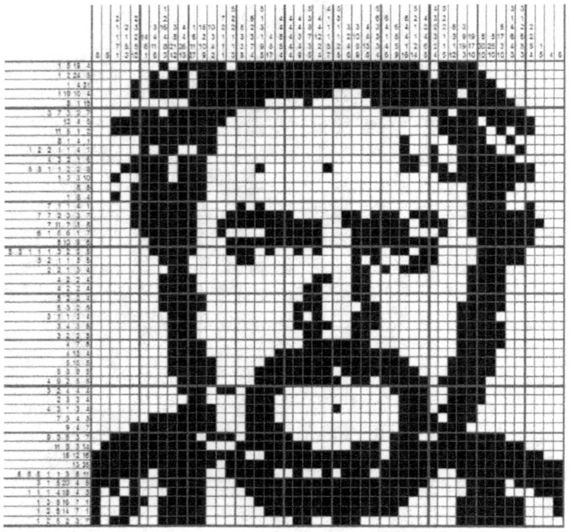

Puzzle 04 ***Denzel Washington***

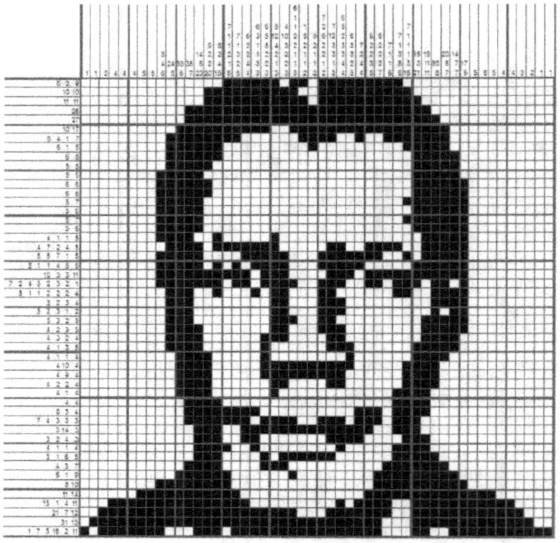

Puzzle 05 ***Johnny Depp***

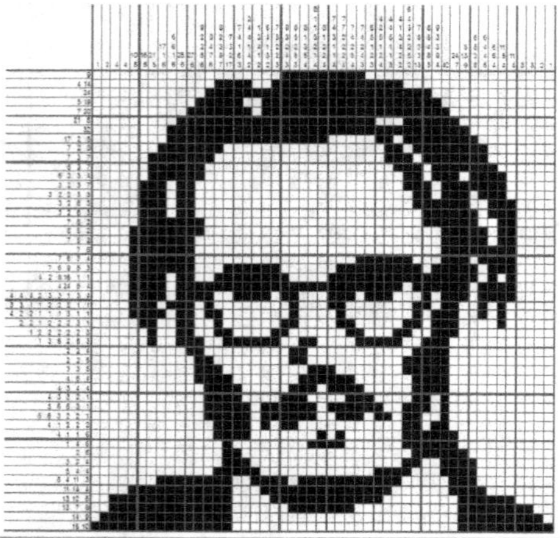

Puzzle 06 ***Scarlett Johanson***

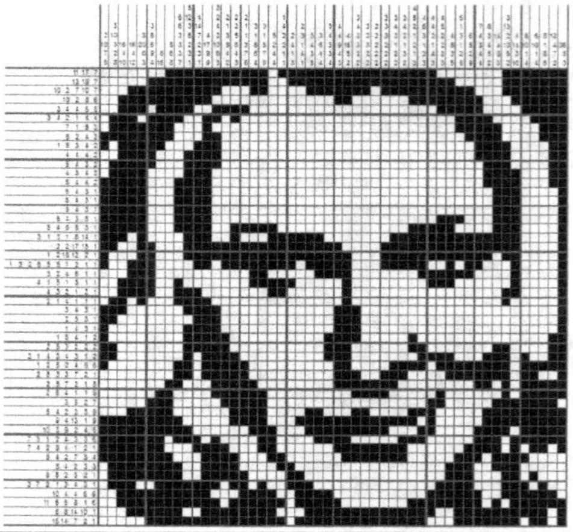

Puzzle 07 ***Angelina Jolie***

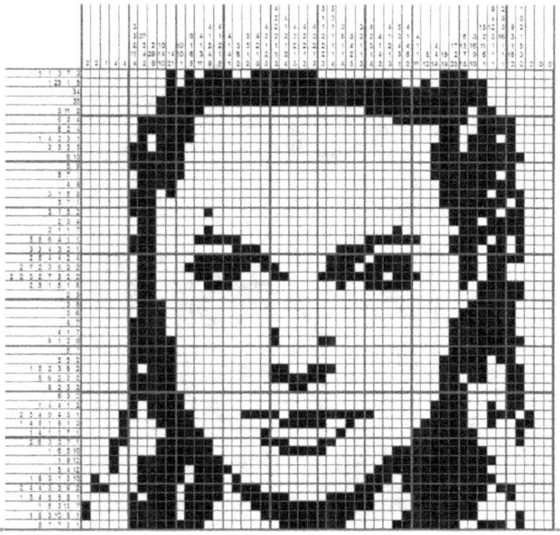

Puzzle 08 ***Úrsula Corberó***

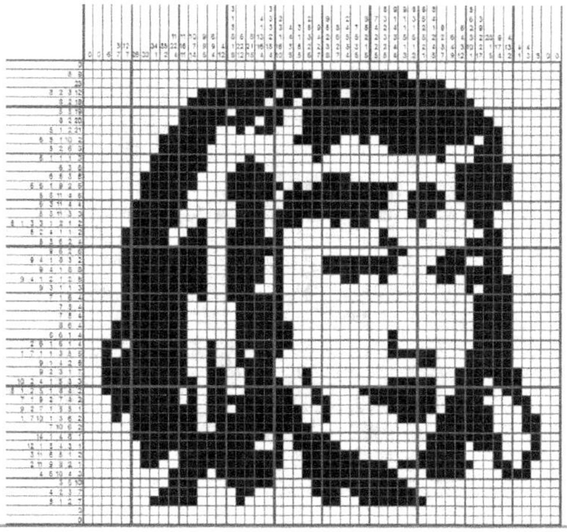

Puzzle 09 ***Ben Stiller***

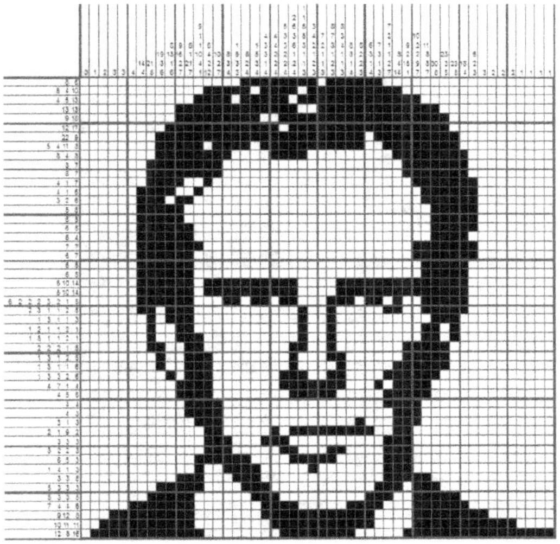

Puzzle 10 ***Beyonce***

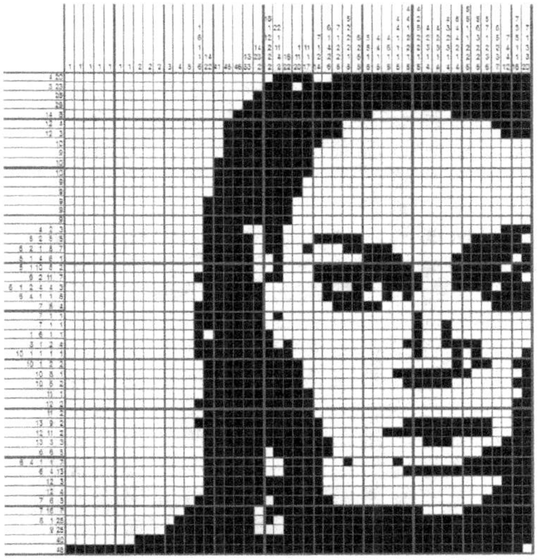

Puzzle 11 ***George Clooney***

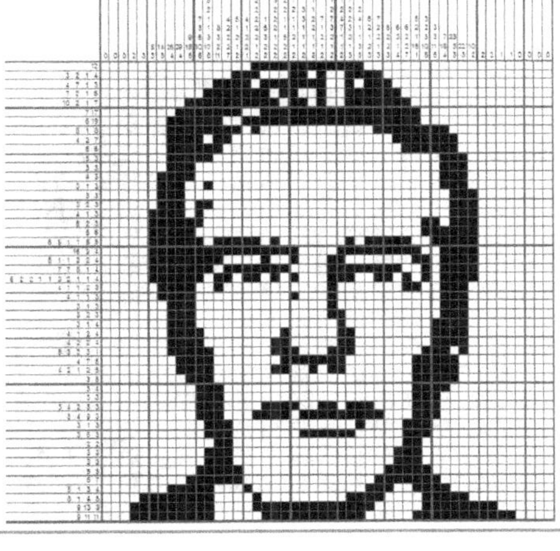

Puzzle 12 ***Will Smith***

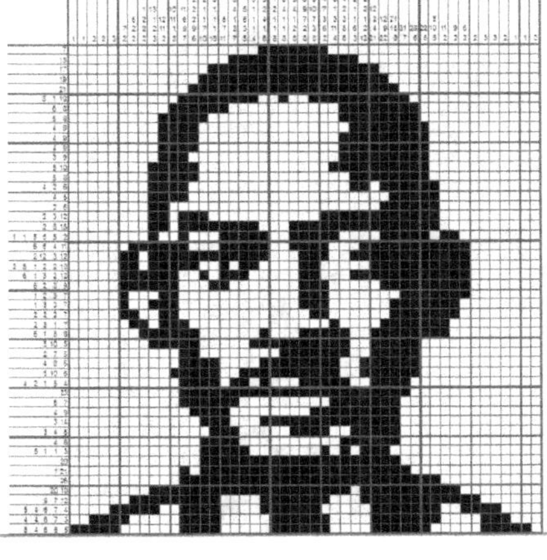

Puzzle 13 ***Mike Tyson***

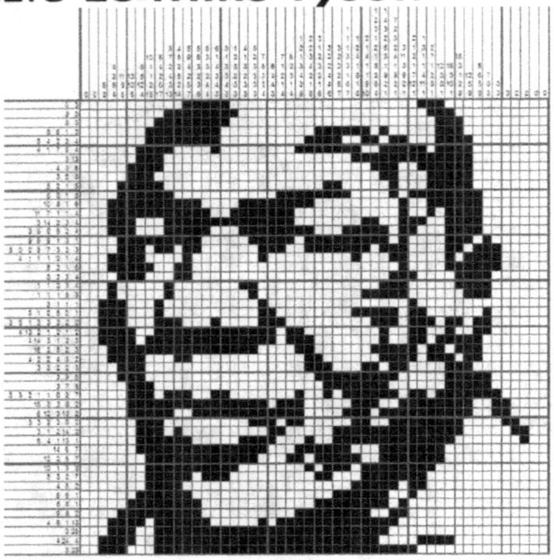

Puzzle 14 Leonardo Dicaprio

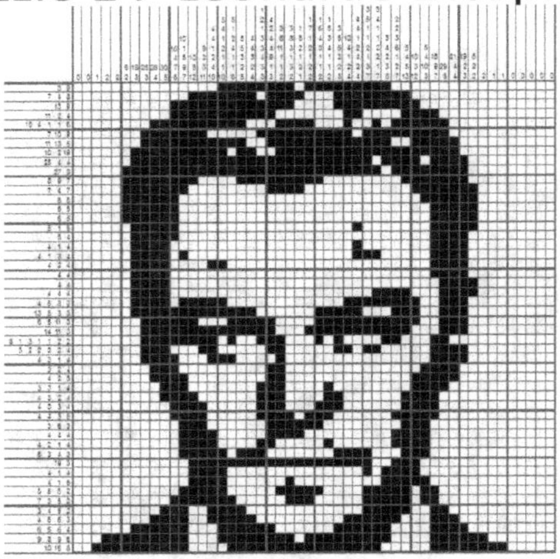

Puzzle 15 ***Kim Kardashian***

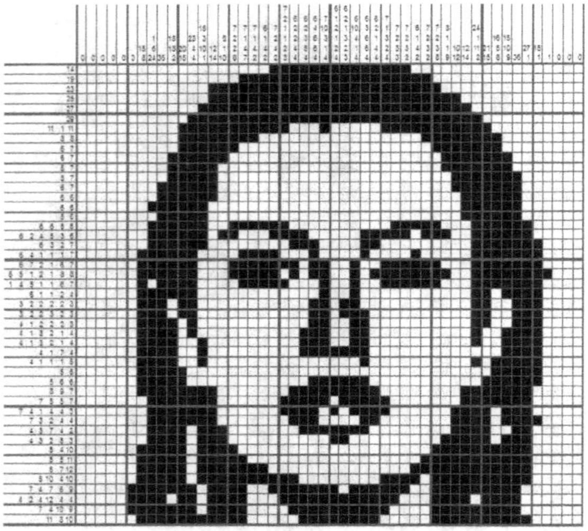

Puzzle 16 Tom Hanks

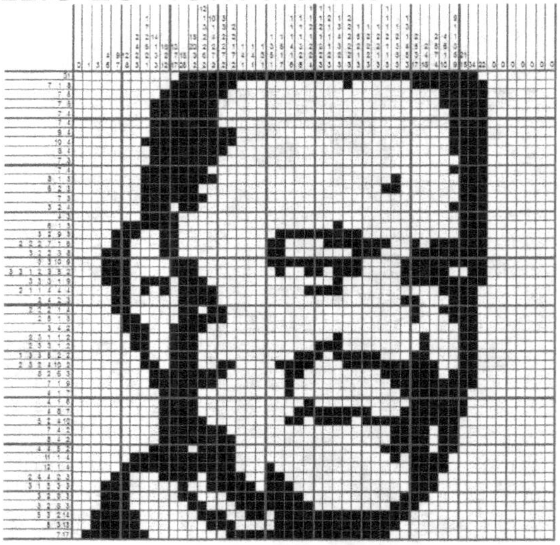

Puzzle 17 ***Hugh Jackman***

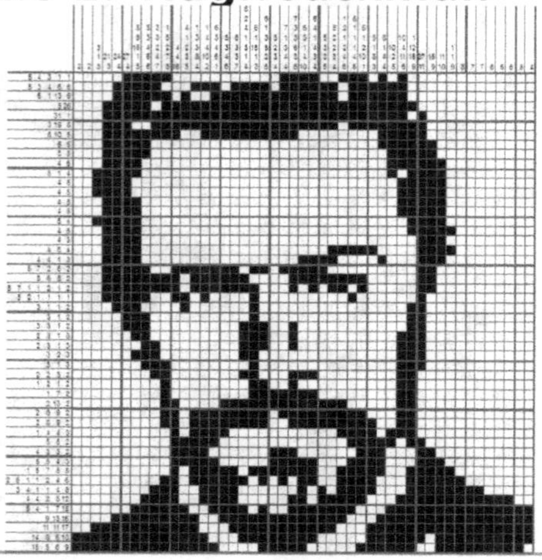

Puzzle 18 ***Selena Gomez***

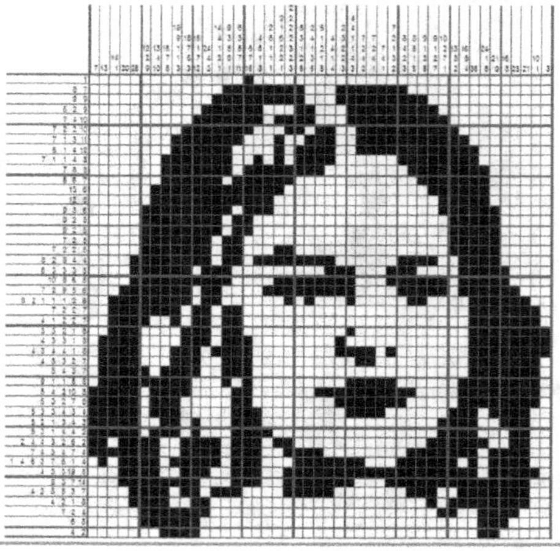

Puzzle 19 ***Rihanna***

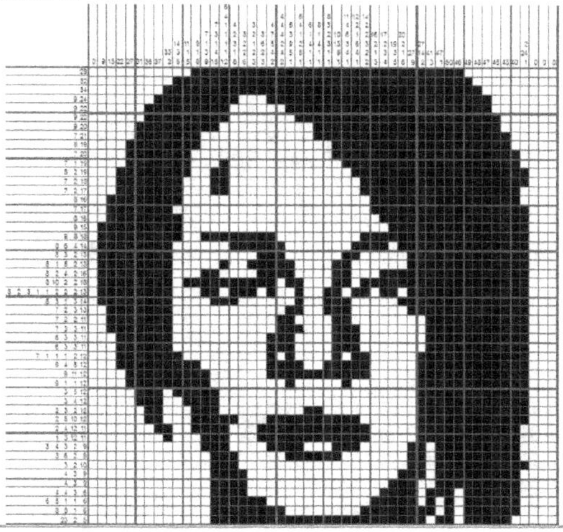

Puzzle 20 ***Oprah Winfrey***

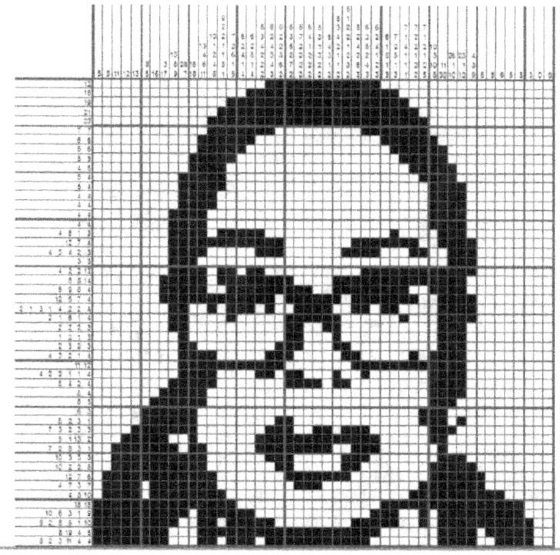

Puzzle 21 ***Adrian Brody***

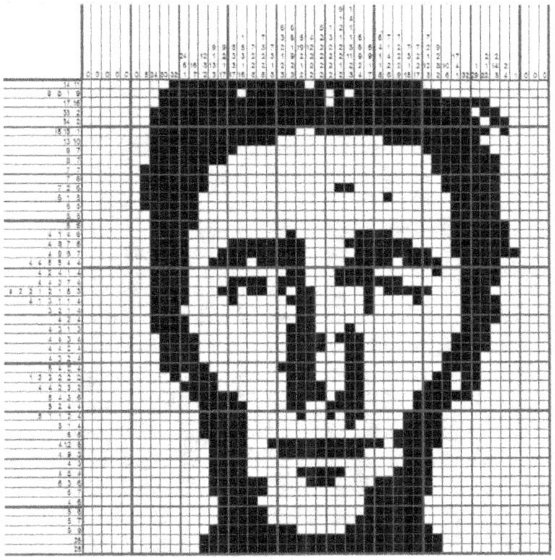

Puzzle 22 ***Collin Farell***

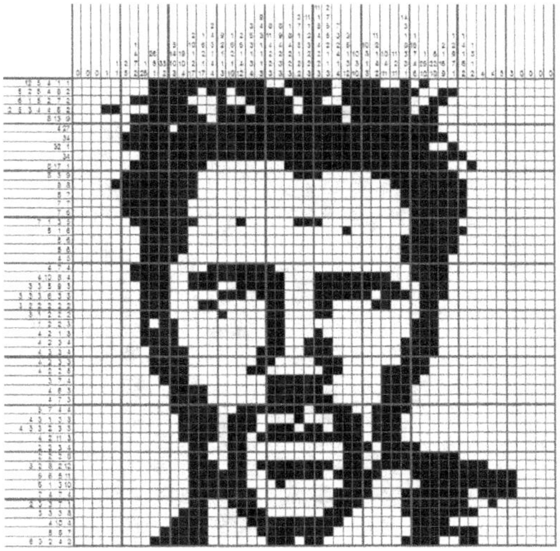

Puzzle 23 ***Russel Crowe***

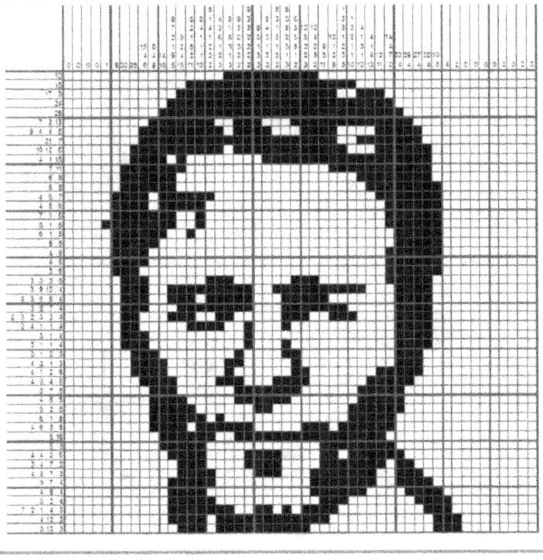

Puzzle 24 ***Roger federer***

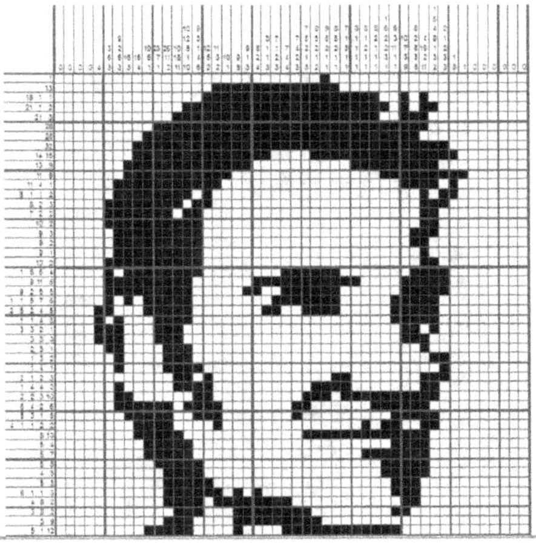

Puzzle 25 ***Zack Effron***

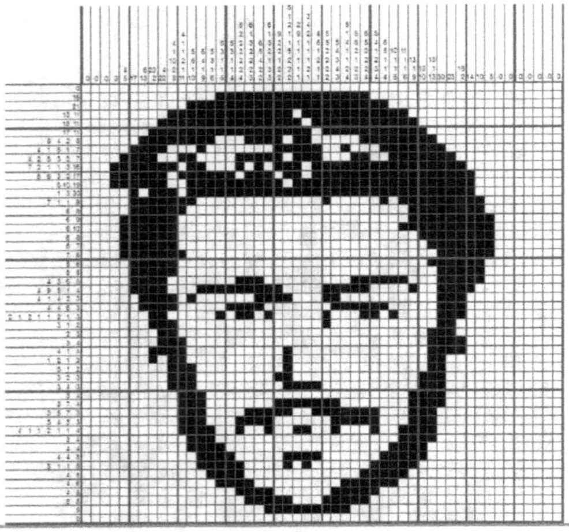

Puzzle 26 ***Rob Pattinson***

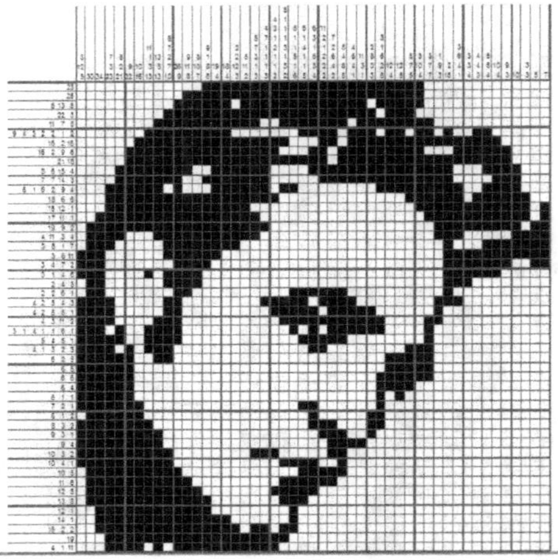

Puzzle 27 ***Scarface***

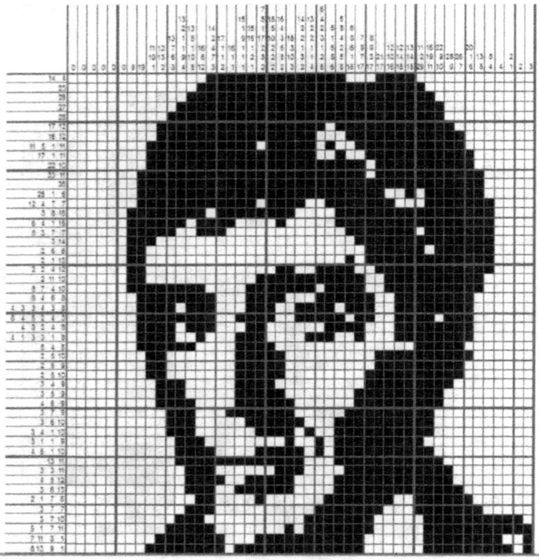

Puzzle 28 Cardi B

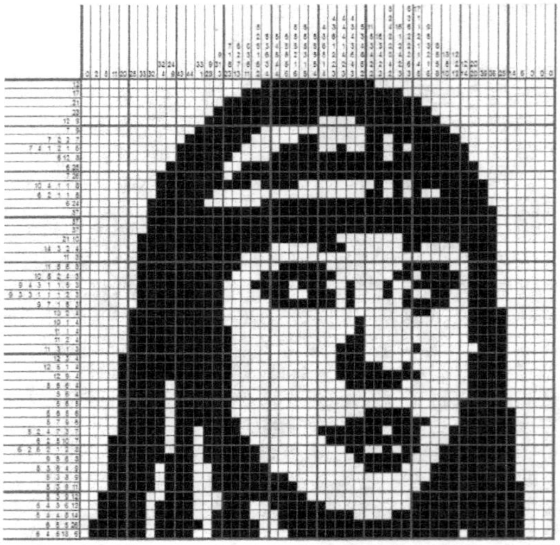

Puzzle 29 ***Nicki Minaj***

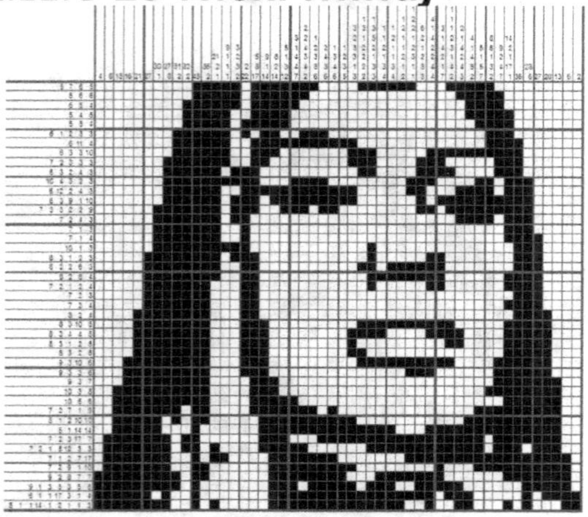

Puzzle 30 ***Anne Hathaway***

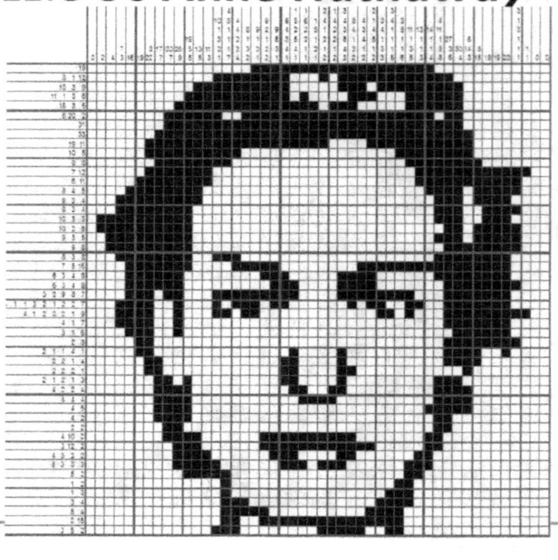

Puzzle 31 ***Jay Z***

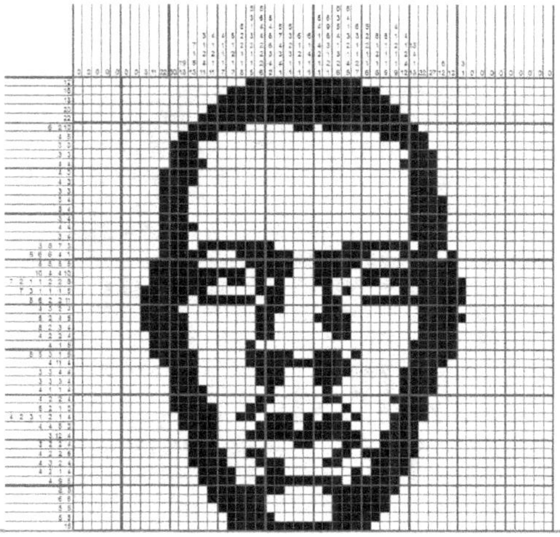

Puzzle 32 ***Arnold shwartznigger***

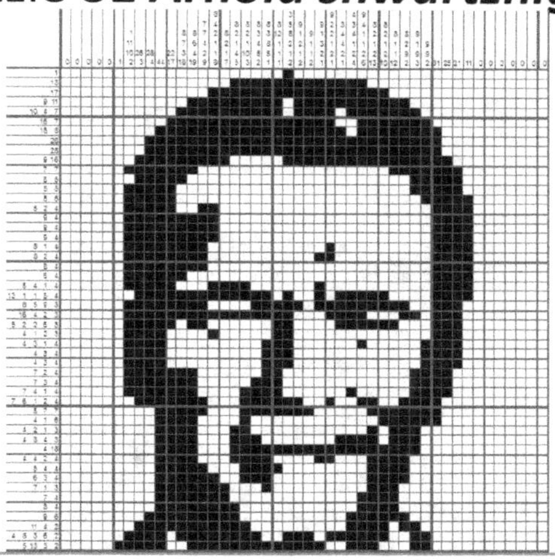

Puzzle 33 ***Silvester Stalone***

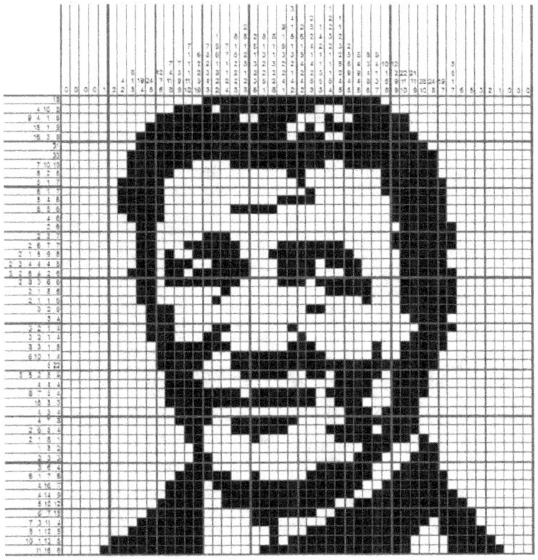

Puzzle 34 ***Tom Hardy***

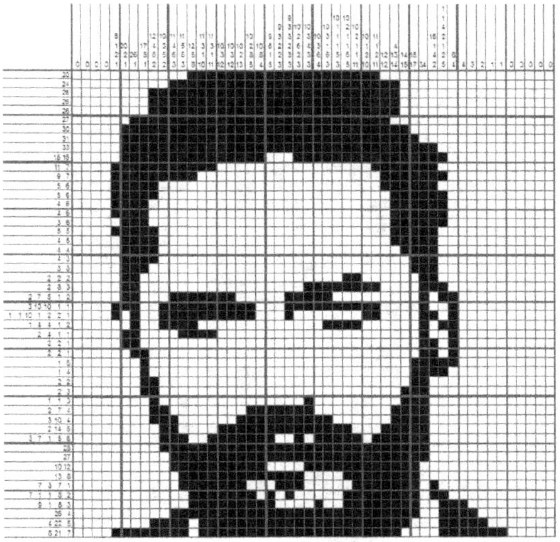

Puzzle 35 ***Tom Cruize***

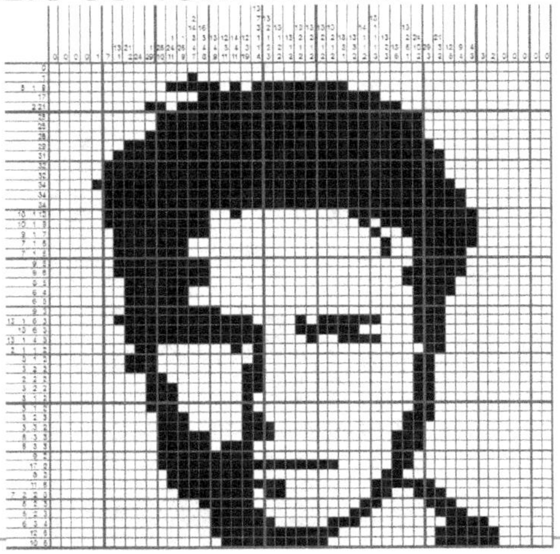

Puzzle 36 ***Jason Momoa***

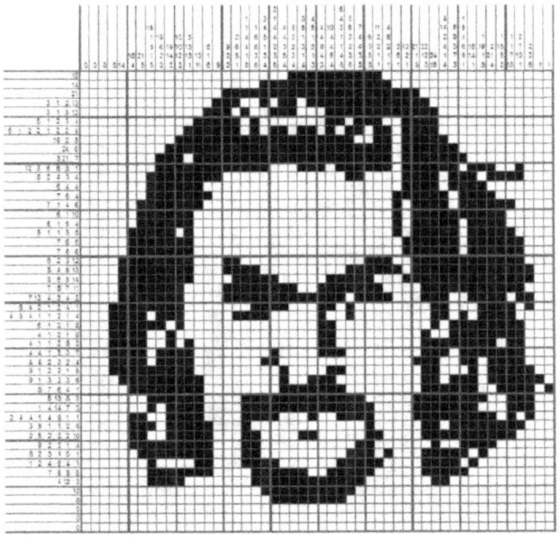

Puzzle 37 ***Jason Statham***

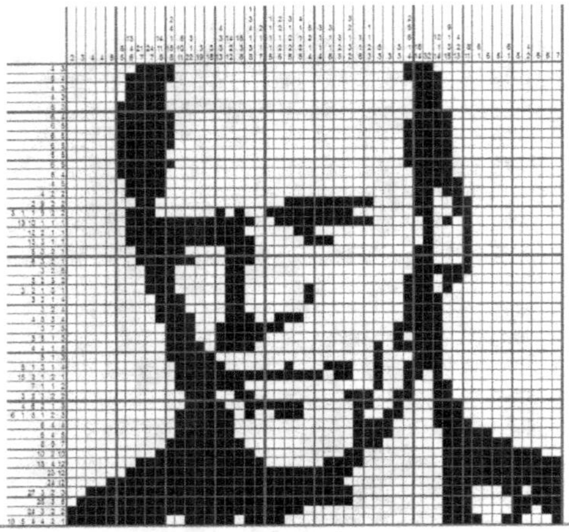

Puzzle 38 ***Justin Timberlake***

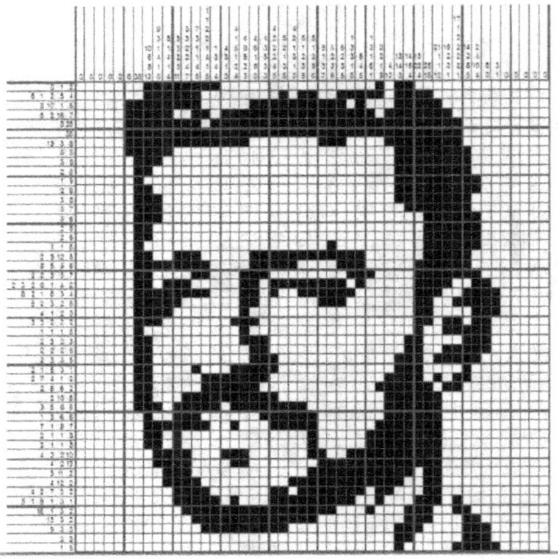

Puzzle 39 ***Post Malone***

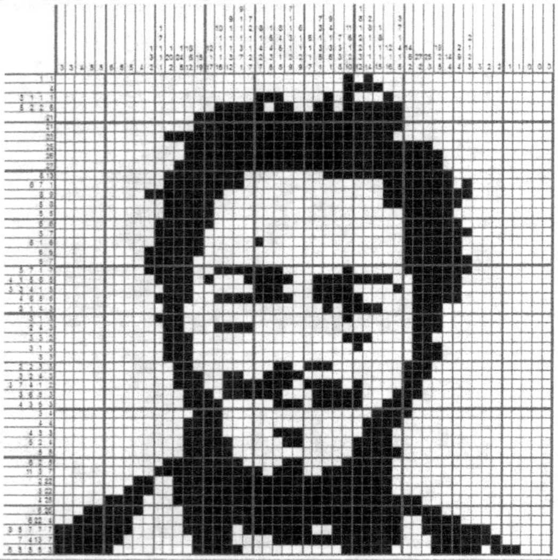

Puzzle 40 ***Dua Lipa***

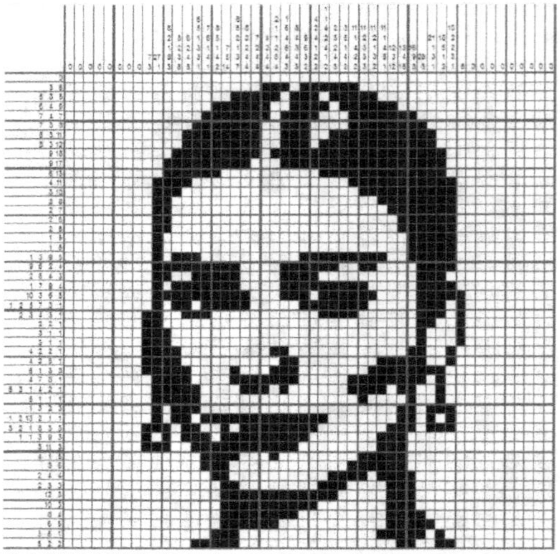

Puzzle 41 ***Julia Roberts***

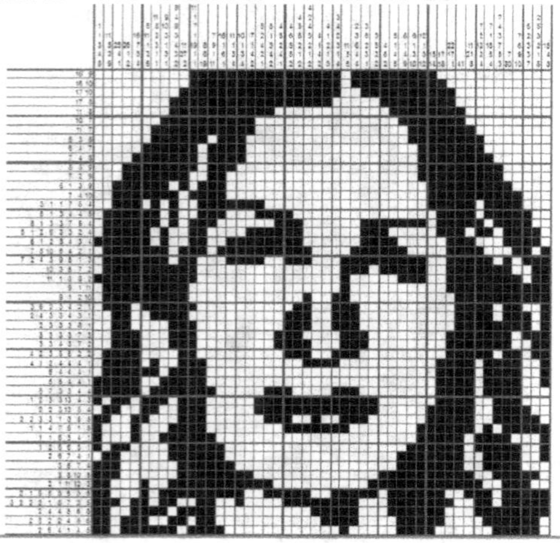

Puzzle 42 ***Mark Zuckerberg***

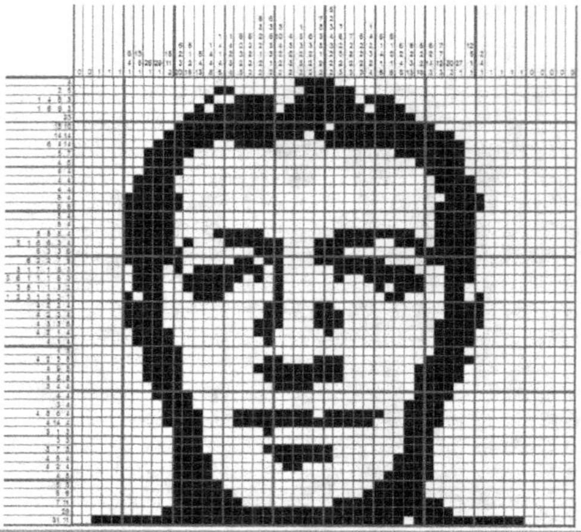

Puzzle 43 ***Britney Spears***

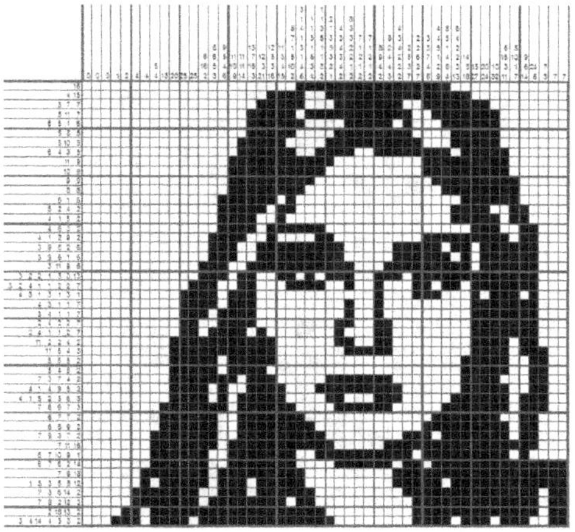

Puzzle 44 ***Bruce Willis***

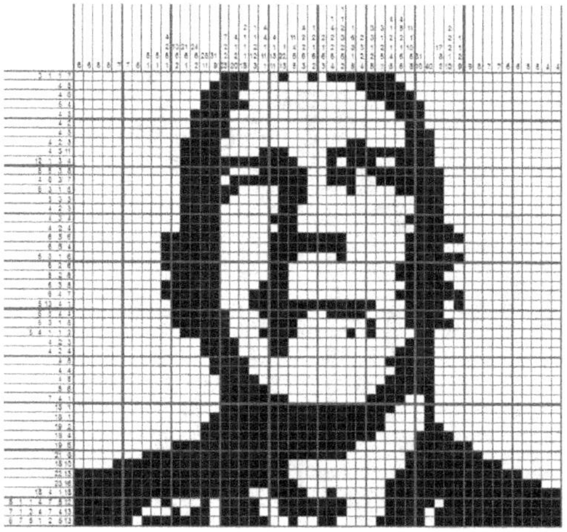

Puzzle 45 ***Daniel Craig***

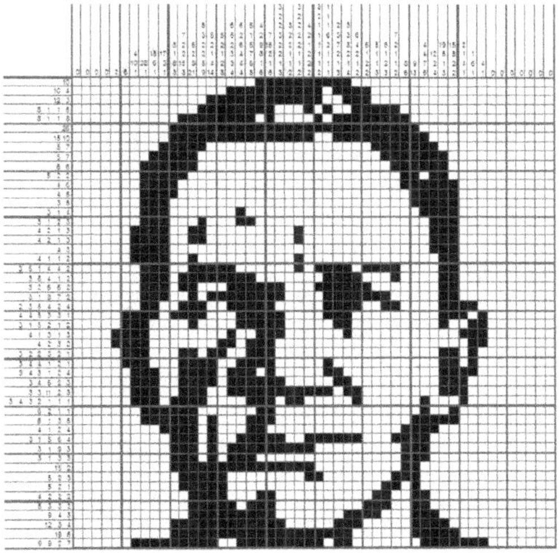

Puzzle 46 ***David Beckham***

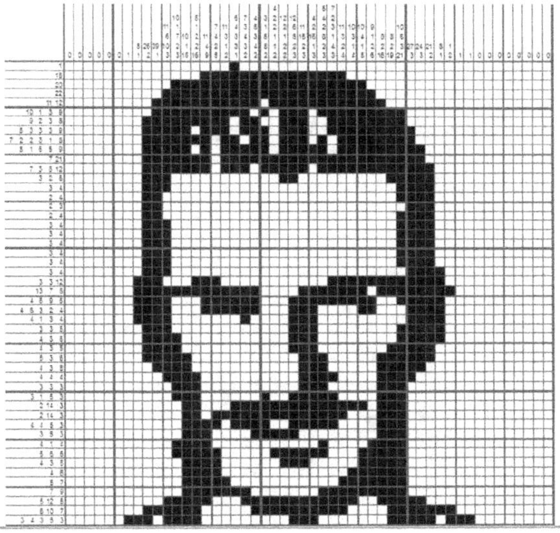

Puzzle 47 ***Diego Maradona***

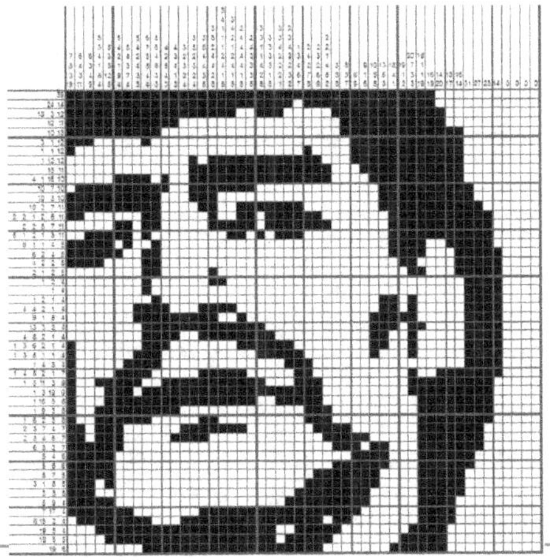

Puzzle 48 Pele

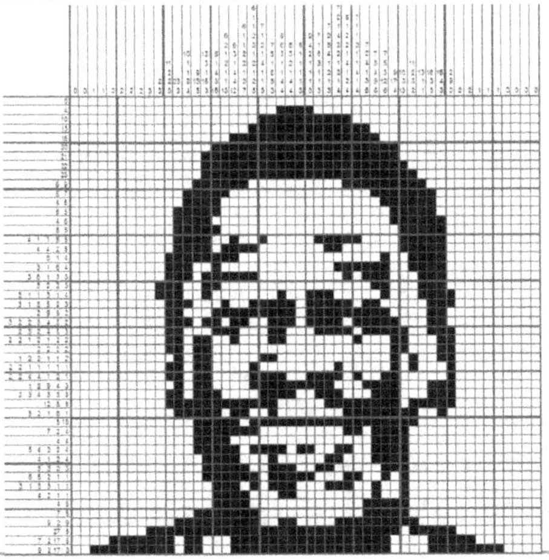

Puzzle 49 ***Michael Jordan***

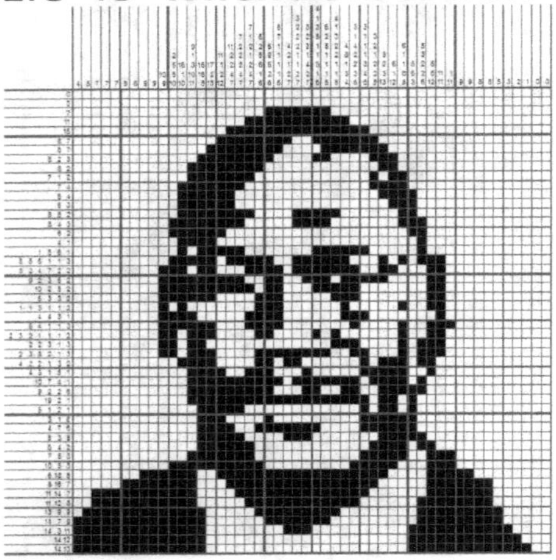

Puzzle 50 ***Maria Sharapova***

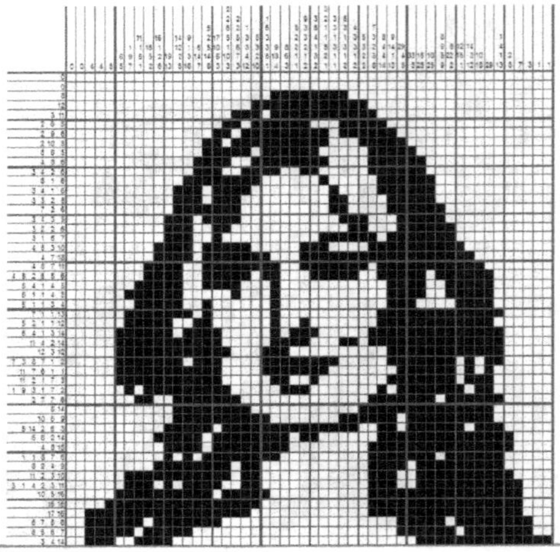

Thanks for Playing, to check out more of our products Go to the products page and click on the author name (Happy Bottlerz)

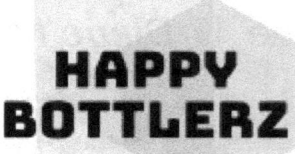

HAPPY BOTTLERZ

Check out more of our fun and time killing puzzle books
Simply put the ISBN in the search bar, click on the search button and the book will appear!
You will find the ISBN on the book covers Below!

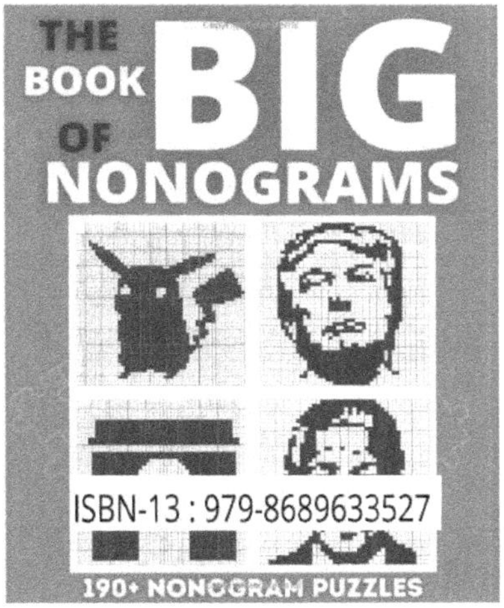

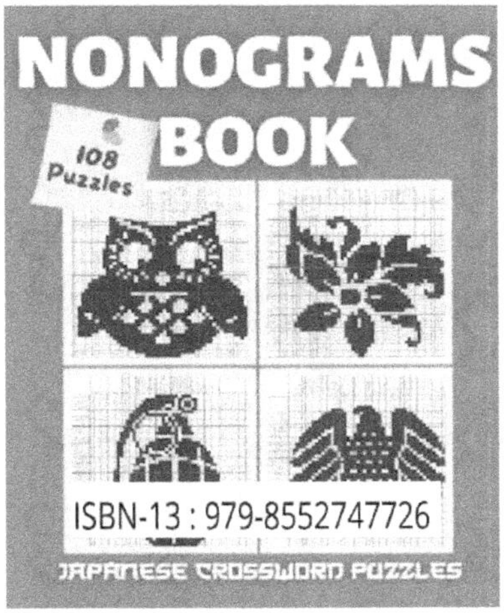

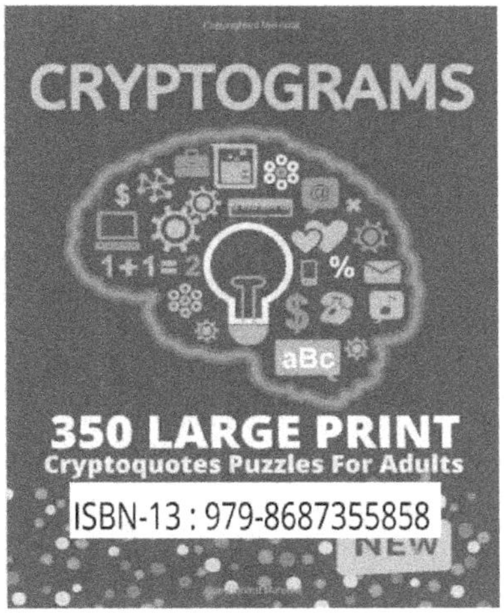

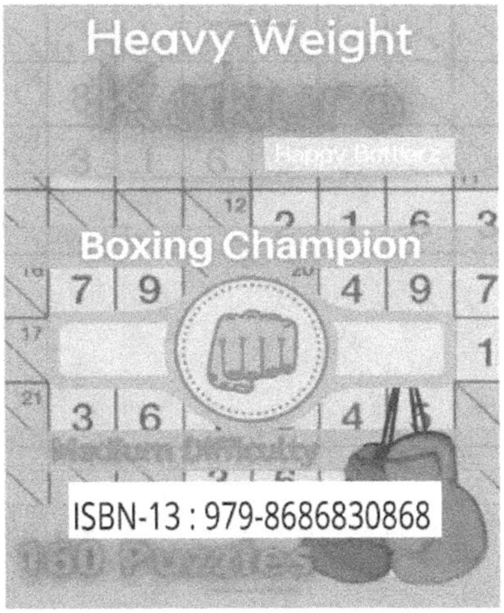

www.ingramcontent.com/pod-product-compliance
Lightning Source LLC
Chambersburg PA
CBHW080903220526
45466CB00011BA/3454